ARQUITECTURA LIMPIA

**Guía Completa Para Principiantes
Aprenda Todo Sobre Los Reinos
La Arquitectura Limpia De La A-Z**

ELIJAH LEWIS

TABLA DE CONTENIDOS

Introducción

El éxito en el desarrollo de software requiere arquitectura tanto como un proyecto de construcción, por ejemplo. La arquitectura de software propone una mejor organización, calidad en el rendimiento, fiabilidad, portabilidad del sistema requisitos no funcionales directamente.

La Arquitectura en capas

A la arquitectura en capas se le ocurrió la idea de separar la presentación de la lógica empresarial del software. Esta forma de organizar el desarrollo de software es dividir la aplicación en capas para separar responsabilidades y hacer que el software sea más fácil de mantener y reutilizar.

Para la arquitectura de software pequeño, por lo general,, se enumeran tres capas:

- **UI (Interfaz de usuario): la capa de interfaz de usuario** hace la interacción y presentación de datos al usuario;

- **Capa de lógica empresarial (BLL):** la capa de negocio almacena la lógica, que se ocupa de las reglas de negocio de software, también denominada capa de lógica de negocios o capa de dominio.

- **DAL (Capa de acceso a datos)** - Capa de acceso a datos: responsable de acceder y conservar los datos de la aplicación;

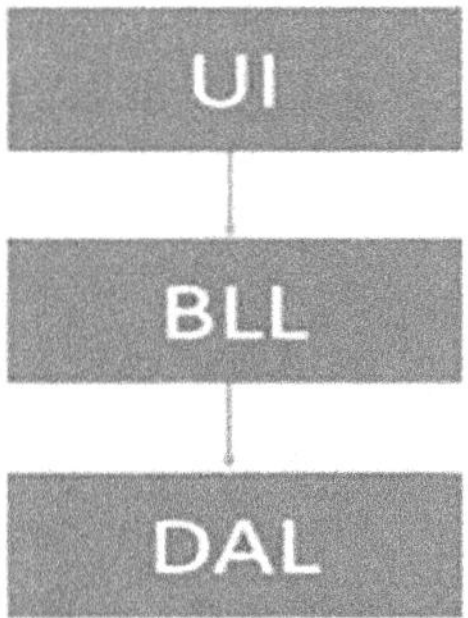

El funcionamiento de esta arquitectura proporciona la siguiente operación y   la capa de interfaz debe contener las páginas para interactuar con el usuario que obtiene información de la capa de negocio,, que a su vez controla las reglas de negocio de la aplicación y obtiene información de la capa de acceso a datos. La capa de interfaz no puede saber nada sobre la capa de acceso a datos.

El propósito de esta arquitectura es crear la posibilidad de cambiar o actualizar una capa sin interferir con la otra capa, basándose en un nivel de abstracción entre las capas.

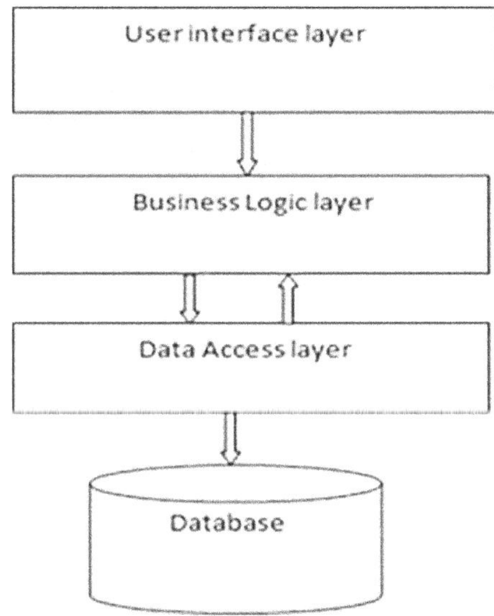

Mirando el diagrama de la izquierda, está claro que el orden de las tres capas mencionadas impone una dependencia de la capa superior a la inferior. ¿Qué puede generar un posible problema en esta forma de arquitectura tradicional? Diseñado en este orden, los desarrolladores de software pueden tener dificultades al realizar cualquier cambio en la base de datos del sistema. Pueden dificultar la prueba del código de lógica empresarial porque depende de la capa de acceso a datos.

Actualmente hay muchas arquitecturas que se basan en la arquitectura en capas, algunas aumentando el número de capas, reemplazando o invirtiendo el orden de ciertas capas para traer más beneficios para cumplir con los requisitos no funcionales. En medio de la arquitectura encapas, y la necesidad de cambios de software llegó a la arquitectura limpia..

La arquitectura limpia

La arquitectura limpia creada por el tío Bob (Robert C. Martin), representada por un diagrama con capas circulares concéntricas, se basa en el aislamiento de estas capas, por lo que la sustitución de componentes en la capa es fácil y no afecta a todo el sistema.

The Clean Architecture

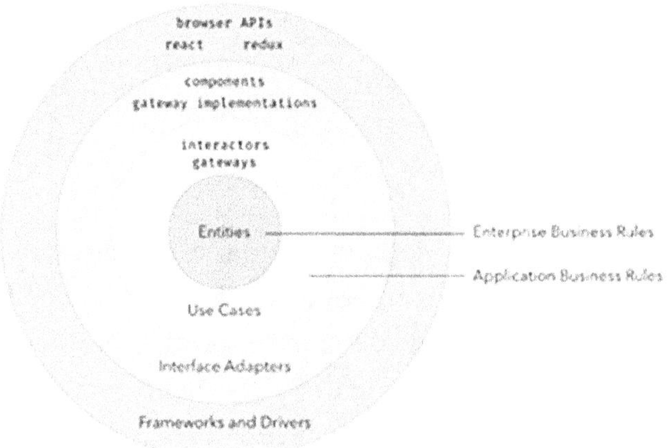

El intercambio de un componente por otro no debe hacer que el software funcione de manera diferente, o incluso dejar de funcionar. Las responsabilidades de capa se definen de la siguiente manera:

Marco y conductores

Es la capa más externa, protege el sistema de los cambios en detalle, es decir. , los cambios en esta capa no implican funcionalidad de software, por lo que es la capa de detalle y se comunica con el siguiente círculo interno.

Adaptadores de interfaces (interfaz de adaptadores)

Convierte los datos introducidos por el usuario en una estructura que interactúa con el sistema, donde residen los presentadores, los controles, las puertas de enlace y los repositorios.

Reglas de negocio de aplicaciones (Reglas de negocio de aplicaciones)

Es responsable de procesar la información, dónde están los casos de uso, dónde se validan las reglas de negocio y los comentarios sobre lo que está sucediendo.

Reglas de Negocios Empresariales

Las entidades donde se encuentran los códigos de reglas de negocio de nivel empresarial. Estos códigos deben estar listos para su reutilización.

En la propuesta Arquitectura limpia, todas las dependencias deben apuntar hacia adentro;; los círculos exteriores son mecanismos y política interior. En otras palabras,, el código fuente no debe ser consciente de las capas externas a la capa, no debe tener ninguna dependencia de estos por lo que el nombre de la regla de dependencia.

Toda la división y concepto de esta arquitectura proporcionan una mejor organización de la estructura del software, lo que facilita posibles cambios, debido al aislamiento de las capas. En cualquier momento, los componentes de la interfaz pueden ser modificados y de ninguna manera afectan el significado y el funcionamiento del software.

Capítulo 1

El camino hacia la arquitectura del software - hexagonal, en capas y arquitectura limpia

¿Está interesado en la arquitectura de software? Espero que sí porque este es uno de esos aspectos que deberían interesarle independientemente de su nivel de experiencia en el mundo del desarrollo de software. Si eres un programador junior, deberías estar interesado en él lo antes posible si quieres evolucionar como profesional.

Usted no puede considerarse un senior o analista sin conocimiento del tema. Un líder de equipo, un Scrum Master, un QA, un CTO o cualquier rol de negocio necesitará saber, en mayor o menor medida,, y aspectos de la arquitectura de sistemas. Esto garantiza que comprendan su alcance, garanticen su capacidad de mantenimiento, la capacidad de reutilizar componentes, la calidad del código, la escalabilidad y el costo de futuras migraciones, evalúen las dependencias tecnológicas, las extensiones, etc.

Ok, está claro que la arquitectura es importante, pero cuando se lee "Arquitectura de software," lo que viene a la mente? Tal vez usted piensa "Tengo que poner las baterías con ..." y obtiene palabras como REST, SOAP, frameworks como Spring, Vaadin o JSF, almacenamiento de datos con Hibernate, MongoDB, Elasticsearch, o tal vez otros NodeJS, Websockets, Angular. Incluso es posible que piense en Docker, Amazon AWS... porque en mi opinión,, creo que vas mal.

Todo esto no es más que tecnologías, herramientas. Quién te dice dónde estarán en 5 años, o incluso en 5 meses. Su arquitectura debe estar preparada para adaptarse a los cambios. "Modularidad" y "lógica de negocios" serán las palabras clave.

Lo primero que necesitamos es una manera de estructurar el código de las aplicaciones empresariales con un alto nivel de complejidad para maximizar la modularidad y la separación de responsabilidades. Entonces vendrán las tecnologías.

En los últimos años se habla mucho de los conceptos de Arquitectura Hexagonal, Arquitectura Cebolla y Arquitectura Limpia. Están confundidos y asumidos como una cosa, pero no son exactamente iguales. Tienen un orden cronológico de apariencia y cada uno se basa en el anterior y trata de mejorarlo.

En este capítulo, les daré un resumen introductorio de estos tres conceptos que inician el camino de los azulejos amarillos hacia la arquitectura de software limpio.

Arquitectura hexagonal

En 2005 Alistair Cockburn propuso el concepto de "Arquitectura hexagonal", también llamado "Puertos y adaptadores" arquitectura (Puertos y adaptadores).

La idea, más o menos, se basa en la construcción de sistemas de software basados en una serie de puertos (interfaces de acceso público) y adaptadores (implementaciones de esas interfaces para un contexto específico) que se comunican con el núcleo de la aplicación, que es donde está toda la lógica de negocios.

Esto busca implementar la lógica de negocios (el núcleo) de forma aislada e independiente de cualquier agente externo. Los puertos y adaptadores son los puntos de entrada, salida y conversión de datos. Habrá un adaptador para cada agente externo: un adaptador para la interfaz de usuario (UI), otro para la persistencia, otro para la ejecución de pruebas, otro para la comunicación con otros servicios, etc.

De esta manera, se logran sistemas más reutilizables, más modulares y más mantenibles. Y la manera de lograr este desacoplamiento es a través del principio de inversión de dependencia.

Cree la aplicación para que funcione sin una interfaz de usuario o una base de datos, solo para que se pueda ejecutar mediante pruebas de regresión automáticas. Sin embargo, este concepto por sí solo me parece demasiado abstracto.

La arquitectura hexagonal no establece ninguna regla de código estructural. Tampoco plantea restricciones a la interacción entre componentes. ¿Puede un componente de interfaz de usuario comunicarse directamente con un componente de persistencia?

¿O deberías hacerlo a través del núcleo? Tal vez deberíamos asumir todo esto como un marco conceptual o conjunto de buenas prácticas en lugar de como la propia arquitectura.

Arquitectura en capas de cebolla

En 2008 Jeffrey Palermo introdujo un nuevo concepto que él llama "Arquitectura en capas de cebolla."

El propio autor lo define como "un patrón arquitectónico" que busca evitar uno de los principales inconvenientes del uso de las arquitecturas tradicionales de tres capas: el acoplamiento entre las capas. Según Jeffrey, el enfoque tradicional crea sistemas donde la interfaz de usuario no puede funcionar sin lógica de negocios y la lógica de negocios no puede funcionar sin acceso a datos. Y como consecuencia, la interfaz de usuario se acopla al acceso a datos.

Para evitar estos enlaces, propone una arquitectura basada en capas circulares como una cebolla. Una regla fundamental restringirá todo este sistema de capas: todo el código puede depender de las capas más centrales, pero no puede depender delas capas más alejadas del núcleo. Es decir, todo el acoplamiento es hacia el centro.

Cada capa tendrá una responsabilidad específica:

- **Núcleo de aplicación:**

    - **Modelo de dominio: en el centro estará el modelo de** dominio, que representa los objetos y estados de la organización.

    - **Servicios de** dominio: interfaces que definen comportamientos y operaciones en el modelo de dominio.

    - **Servicios de aplicaciones:** interfaces que definen comportamientos específicos de la aplicación.

- **Elementos externos:** en la parte más externa se encuentra la interfaz, de usuario, la infraestructura y el sistema de prueba. La capa externa está reservada para cosas que pueden cambiar más a menudo. Estas cosas deben aislarse del núcleo de la aplicación. Por ejemplo, las interfaces definidas en las capas de servicio se implementarían aquí. Estas implementaciones tendrán dependencias tecnológicas.

La arquitectura de cebolla se basa en estos cuatro principios:

- La aplicación se basa en un modelo de objetos independiente.

- Las capas internas definen las interfaces. Las capas externas implementan esas interfaces.

- La dirección del acoplamiento es siempre hacia el centro.

- Todo el código principal de la aplicación se puede compilar y ejecutar de forma aislada en la infraestructura.

Tanto la arquitectura hexagonal como la arquitectura en capas de cebolla comparten la siguiente premisa: externalizar aspectos de la infraestructura y la existencia de un código de adaptación que permita que esta infraestructura sea independiente.

Arquitectura limpia

Y finalmente, en 2012, el tío Bob, en su ya famoso artículo, introduce el concepto de "Arquitectura Limpia".."

"La primera preocupación de un arquitecto es asegurarse de que la casa sea utilizable, no asegurarse de que la casa está hecha de ladrillo." (Tío Bob)

El tío Bob se da cuenta de que, en definitiva, todos estos conceptos y arquitecturas se basan en la misma idea: la separación de capas. Y centra su atención en el hecho de que todos coinciden en dos cosas: al considerar la capa de lógica de negocios como el eje principal del sistema y en definir una serie de interfaces para comunicarse con el resto del sistema. Puede llamarlo Dominio, Lógica empresarial, Núcleo, Aplicación o lo que desee. Aún así, en cualquier caso,, esta capa es la más importante, la que maneja los hilos, y todo debe ser diseñado y modularizado a su alrededor. Así que el tío Bob decide incluir estas propuestas en un solo concepto que él llama "Arquitectura Limpia" y resume las características que un sistema construido con este tipo de arquitectura debe tener:

- Independiente de los marcos. La arquitectura no debe depender de ningún marco o biblioteca cuyas características condicionen nuestro sistema a sus requisitos y restricciones. Los marcos deben tomarse como herramientas de apoyo.

- Comprobables. La lógica empresarial debe poder probarse sin necesidad de ninguna actividad externa (interfaz de usuario, base de datos, servidor web, etc.).

- Interfaz de usuario independiente. La interfaz gráfica de usuario debe ser fácilmente reemplazable sin afectar al resto del sistema (por ejemplo, cambiar una interfaz de usuario web para una interfaz de usuario de escritorio, e incluso para una interfaz de consola, no debe implicar ningún cambio en la lógica de negocios).

- Independiente de la base de datos. De forma similar a lo que sucede con la interfaz de usuario, la base de datos también debe ser fácilmente reemplazable. Las reglas de negocio deben permanecer fuera del sistema de persistencia,, independientemente de si usamos Oracle, SQL Server, MongoDB o un sistema de archivos simple.

- Independiente de los factores externos. En resumen, la lógica de negocios no debe tener conocimiento directo de nada que viene del mundo exterior (el modo de comunicación con otros sistemas -REST, SOAP, RMI, etc.), el servidor donde se ejecuta -Wildfly, Glassfish, Tomcat, etc.-).

Siguiendo su intención de unificar criterios, el tío Bob integra todas estas arquitecturas en una sola idea representada por el siguiente esquema:

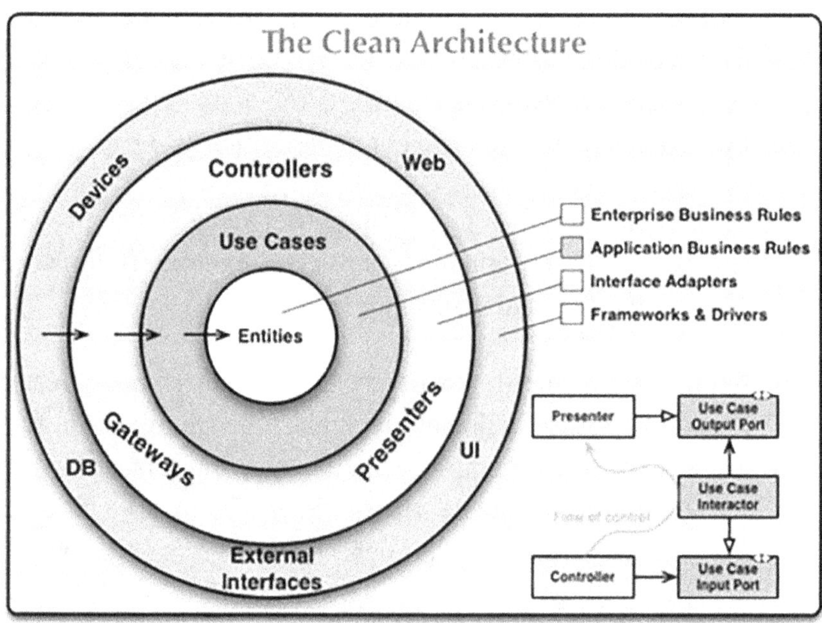

Cada círculo representa un área del software:

- **Reglas empresariales: área que encapsula la** lógica empresarial en el nivel empresarial. Aquí estarán los objetos, estructuras, de datos y/o funciones que permiten modelar toda la lógica empresarial. Entidades de tipo Persona, Grupo, Pedido, Línea de Pedido, Factura, etc. Formarán parte de esta capa. Ojo, no se confunda con las Entidades JPA!

- **Reglas de negocio de** aplicación: área que contiene las reglas dc negocio específicas de la aplicación. Aquí se implementan los casos de uso que nuestra aplicación realiza en entidades empresariales. Mientras que la capa anterior trataba con los actores, se ocupa de las interacciones (asociar una persona como miembro de un grupo, la creación de una orden con elementos de línea). Los cambios en esta capa no deben afectar a las entidades en lugar de una modificación en las entidades si puede afectar a los casos de uso.

- **Adaptadores de interfaz:** área que contiene un conjunto de adaptadores donde los casos o se convierte en datos comprensibles en datos aceptados por elementos externos y viceversa. Por ejemplo, para comunicarnos con la interfaz gráfica, necesitaremos tener presentadores que sean responsables de convertir objetos de nuestra lógica de negocios en objetos específicos del framework que estamos utilizando para la interfaz de usuario (JSF, Spring, Swing, Vaadin...). Con respecto al sistema de persistencia,, tendremos Repositorios que hacen esa adaptación basada en el sistema de persistencia utilizado (ORMs, JPA, Hibernate, MyBatis...). Otro ejemplo serían los convertidores de servicios SOAP, o estructuras JSON, proporcionados por algún servicio externo.

- **Marcos y controladores:** El área más externa que consta de marcos y herramientas como la base de datos, el marco web, sistemas de prueba, etc. Aquí están todos los detalles. La web es un detalle. La base de datos es un detalle. Mantenemos estas cosas afuera donde no pueden hacer mucho daño.

Y por último, aquí indico algunas consideraciones, reglas, y restricciones planteadas por esta arquitectura:

- Las dependencias solo deben apuntar hacia adentro a las capas o círculos internos. Una capa interna no debe saber nada acerca de una capa de nivel superior.

- El control de flujo entre capas se logra aplicando el principio de inversión de dependencia. Gracias a este principio (del cual el tío Bob es también el autor) podemos garantizar que las dependencias del código fuente no afecten al flujo de control

- Los datos que cruzan los límites entre capas son estructuras de datos simples o DTO (objetos de transferencia de datos). Por ejemplo, las entidades o filas de una base de datos no podrían cruzar estos límites, ya que transmitiríamos dependencias, incluso si son anotaciones simples (como es el caso de las entidades JPA dentro del mundo Java EE).

- No tienen que ser estrictamente cuatro niveles, y pueden ser más mientras se cumplan las reglas anteriores.

Como puede ver, tampoco dice nada nuevo, pero si pone un poco de orden en toda esta idea de desvincularse del principio de la inversión en dependencia.

Por el momento, el concepto de "Arquitectura limpia" parece una compilación de mejores prácticas basadas en otros conceptos e ideas anteriores (y la propia experiencia del autor). La principal mejora que parece haber contribuido a la comunidad es una definición más detallada y precisa de las capas, reglas, restricciones, consideraciones y características que una arquitectura de software debe tener que considerarse "limpia".."

Pero la palabra "limpia" va mucho más allá, suficiente para escribir un libro y ahora vamos a cerrar la trilogía con este libro sobre "Arquitectura limpia" donde, además de explicar en mayor profundidad lo que se ve en este capítulo, obtendrá preguntas de respuesta del tipo:

- ¿Cuáles son los principios básicos de la arquitectura de software?

- ¿Cuál es el nombre de un arquitecto de software?

- ¿Qué hace que la arquitectura salga mal y qué podemos hacer al respecto?

- Y mucho más

En mi opinión, la principal ventaja de este tipo de enfoque es la de posponer las decisiones tecnológicas, que es una consecuencia de la modularización. Podemos empezar a implementar el núcleo tan pronto como sepamos de qué se trata la aplicación. Imagina que empiezas un proyecto.

Todavía no está claro si será una aplicación web o una aplicación para teléfonos inteligentes. Tampoco se sabe si desea conservar los datos en un modelo relacional o NoSQL. Lo que se sabe es que tendrás que manejar usuarios, pedidos, facturas, un carrito de compras, etc.,. bueno, ¿qué esperar! Comencemos a implementar el núcleo, y ahorremos tiempo hasta que el negocio se aclare.

Otra de las principales ventajas es minimizar el impacto de los cambios. Esto también es una consecuencia de la modularización, de tener todo bien separado y responsabilidades bien distribuidas.

Por otro lado, debemos tener en cuenta que tal arquitectura tiene sentido en aplicaciones grandes. En una pequeña aplicación sin perspectivas de ampliación, incluso puede ser contraproducente. No tiene sentido complicar las cosas sobre la cuenta.

Capítulo 2

Patrones de diseño de arquitectura de software y sus beneficios

¿Qué es Arquitectura?

El SAR define la arquitectura como:

1. f. Arte del diseño y construcción de edificios.

2. f. Diseño de una construcción.

Aplicándolo al mundo del desarrollo de software, podríamos redefinir la arquitectura de software como:

1. f. Arte de diseñar y construir aplicaciones informáticas.

2. f. Diseño de una aplicación informática.

La definición que damos a la arquitectura viene del mundo de la construcción, pero significa lo mismo en nuestro mundo, sólo que no construimos edificios, construimos software.

¿Qué es Arquitectura Software ?

La arquitectura Software define la forma en que trabaja en un sistema, como la creación de nuevos módulos, pero también debe intuir el tipo de aplicación que describe. Como comenta el tío Bob, si mostramos un dibujo arquitectónico de una iglesia o un piso, simplemente mirando la forma de ese dibujo, podemos intuir qué tipo de edificio está proyectando. Por lo tanto, si nos fijamos en nuestro dibujo de software arquitectónico, deberíamos ser capaces de intuir qué tipo de aplicación se va a construir. Una aplicación que controla un hospital no es lo mismo que una aplicación de un cajero automático, y cada una tendría un dibujo arquitectónico diferente.

Sin embargo, el dibujo arquitectónico en la construcción no aclara los materiales con los que se hace, del mismo modo en el dibujo arquitectónico de nuestro sistema, y no debemos perdernos detalles de nuestra implementación.

Así, considero que el dibujo arquitectónico en un proyecto de software es la estructura misma de módulos y carpetas o paquetes en el caso de Java o cualquier adición que ayude a expresar la intención de nuestro sistema sin expresar cómo se hace.

El tío Bob también define una serie de "arquitecturas limpias" que tienen una serie de objetivos en común:

1. Independiente de los marcos. La existencia de esta forma de construir cosas en el sistema no depende de un marco.

2. Comprobables. La arquitectura hace que el código se pueda probar.

3. Independiente de la interfaz de usuario. Un requisito de interfaz de usuario no modifica las reglas de negocio, y, cuando desarrolla una nueva funcionalidad,, es la interfaz de usuario la que se adapta a las reglas de negocio y nunca al revés.

4. Independiente de la base de datos. Puede cambiar el motor de persistencia, ya que las reglas de negocio no dependen de la implementación concreta de la base dedatos, pero es la base de datos la que se adapta a estas reglas.

5. Independientemente de cualquier componente externo. La misma regla descrita en la base de datos se aplica pero relacionada con componentes externos, así como integraciones con otros sistemas, bibliotecas, etc.

Si una arquitectura de software cumple estos objetivos, podría entrar en el grupo de arquitecturas limpias.

Un caso de uso

Un caso de uso es una acción que un usuario o agente externo realiza en nuestro sistema. Siempre se nombran con un verbo + nombre. Si estuviéramos desarrollando una aplicación en la que se venden los productos, ListProducts sería un nombre válido, así como BuyProduct.

Una forma común de identificar la intención de nuestro sistema es modelarlo en función de sus casos de uso. Son la forma de acceder a las reglas de negocio de nuestra aplicación. Por lo general, podríamos decir que representan la parte pública del dominio de nuestra aplicación. Al ser la parte pública,, hacen datos de entrada/salida al dominio. Los casos de uso nos ayudan a expresar en un lenguaje más natural las posibles acciones que nuestro sistema puede realizar y así enumerar las funcionalidades del mismo. Una lista de casos de uso ordenados por funcionalidad nos ayudará a saber de qué se trata la aplicación con la que estamos trabajando. Por ejemplo, en Java, si distribuimos los casos de uso separados por el paquete de funcionalidad, nos dará esa visión del dibujo arquitectónico del que estábamos hablando al principio del capítulo..

Para realizar la acción, hablarán con elementos internos de nuestro dominio, como servicios o objetos de modelo enriquecido,, para que a través de su colaboración resuelvan la acción.

Estos casos de uso son, por tanto, el elemento de entrada de nuestra aplicación y controlan la secuencia de pasos de los elementos internos con los que colaboran. Para resolver un caso de uso como BuyProduct, tal vez en nuestro sistema, los datos de entrada deben pasar a través de un objeto de validación,, y en el caso de que los datos sean válidos para mantener ese objeto en persistencia, por lo que esos dos pasos estarían correlacionados en el caso de uso.

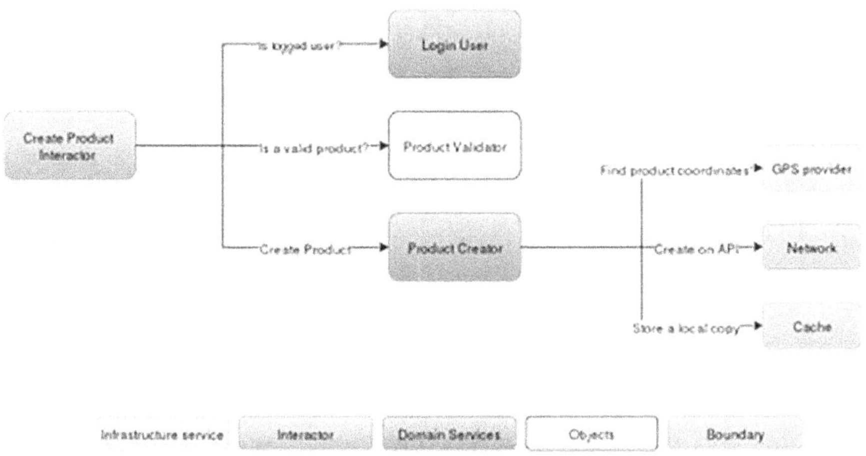

Regla de Negocio

Una regla de negocio es un requisito del administrador para definir cómo funciona una aplicación, en Agil, usamos el rol del dueño del producto. Definen el comportamiento de nuestro sistema y cómo reacciona a las acciones de un usuario o un agente externo si tuviera que interactuar con otros sistemas. Las reglas de negocio agregan valor al sistema que estamos construyendo.

Como hemos descrito hasta ahora, nuestras reglas de negocio son el núcleo de nuestra arquitectura. Todo depende de estas reglas ya que creamos software para ofrecer una solución a una necesidad.

¿Por qué es tan importante separar nuestras reglas de negocio? El software evoluciona, los marcos, la base de datos, las bibliotecas que utilizamos son sólo herramientas con las que construimos un sistema. A medida que evolucionan, la forma en que se utilizan cambia o incluso son reemplazados por mejores, y será mucho más fácil reemplazar estas nuevas herramientas en nuestro sistema si están lo más aislados posible.

Solo hay una regla para usar una arquitectura limpia, la regla de dependencia. Esta regla expresa que la dependencia entre los componentes de nuestro sistema debe ser desde los detalles de implementación a nuestro dominio y nunca informar a nuestro dominio de estos detalles. Esta es la herramienta que tenemos para aislar lo que agrega valor a nuestra aplicación de la implementación o tecnologías que utilizamos.

Pero su propietario del producto difícilmente va a explicar exactamente las reglas de su negocio, expresar lo que espera encontrar o cómo reaccionará la aplicación en un caso determinado. son los desarrolladores responsables de traducir su lenguaje y extraer reglas de negocio y modelar la aplicación en función de lo que llamamos un modelo de datos de dominio; el dominio es el negocio del que estamos hablando.

Este arte de transformar una especificación en algo tangible en el desarrollo del sistema es difícil, y no tienes que preocuparte de que no sea perfecto al principio. Es algo que debe estar en continua evolución a medida que se adquiere conocimiento sobre el dominio, por lo que llamamos a esto refinamiento continuo.

Para hacer este refinamiento continuo, tenemos que cambiar partes de nuestro sistema para que reflejen claramente la intención. Si cambiamos partes de nuestro sistema, debemos estar seguros de que

estamos haciendo cambios sin dañar a otros, para eso necesitamos
que nuestra arquitectura sea comprobable.

Pruebas

Toda esta separación entre las reglas de negocio y otras partes de
nuestro sistema hace que nuestros componentes sean comprobables
a medida que comunicamos las piezas que componen este
rompecabezas con abstracciones. Las abstracciones son nuestros
aliados a la hora de componer estas piezas porque nos proporcionan
dos ventajas claras: dar sentido semántico a un empleado de clase e
invertir dependencia para burlar a un colaborador en la prueba.

Esta inversión de dependencia también nos permite cambiar el
detalle de la implementación de una clase, lo que hace que nuestra
arquitectura sea independiente de las herramientas que
mencionamos anteriormente ya que tenemos que distinguir entre qué
hacer (abstracción) y cómo hacerlo (implementación).

Independiente de agentes externos

Nuestra aplicación, como hemos dicho, debe ser independiente de
agentes externos como marcos, bases de datos, interfaz de usuario,
API externas u otros sistemas que no tenemos control. Para cumplir
con esta regla, debemos tener claro que cualquier agente externo
puede ser perjudicial ya que,, en cualquier momento,, puede ser
sustituido por otro que pueda cumplir la misma misión en nuestro
sistema.

Cualquier marco o biblioteca que nos haga desarrollar código
utilizando formularios que no sean estándares en el lenguaje que
estamos desarrollando debe cubrirse con una abstracción, por lo que
si en el futuro queremos cambiar esa biblioteca por otra o incluso

implementarla nosotros mismos podemos hacerlo solos haciendo un cambio en la forma en que se crea la implementación para esa abstracción

Esto también es aplicable a otros agentes externos como bases de datos, que sólo cumplen una misión en nuestro sistema, que es conservar objetos. Nuestro sistema sólo está interesado en conservar el objeto X, pero no en la forma en que se implementa. Es por eso que una abstracción también da nuestra semántica de código porque la abstracción, en este caso, se llamaría XDataStorerand podría implementarse de varias maneras dependiendo de la tecnología que queremos utilizar.

La implementación de una arquitectura nos ayuda a entender mejor lo que nuestro software está a punto de centrarnos en el dominio de nuestra aplicación, que es el valor real,, y que, después de todo, es la razón que nos lleva a escribir software. La implementación de un modelo enriquecido basado en nuestro dominio significa que todos los miembros del equipo tienen el mismo vocabulario y fuerza para dar nombres a los conceptos, lo que facilita la comprensión. También hace que sea más fácil para nuestro código ser más mantenible, comprobable,, y por lo tanto nos ayuda a cumplir con los principios de SOLID.

Patrones de diseño de software

El propósito de esta sección es presentar un tema que, en los últimos años,, ha ganado la atención de la comunidad de software, que se cobra cada día para diseñar soluciones de software de mejor calidad al menor costo. Una forma que sin duda contribuye a lograr la calidad si los proyectos de software son patrones de diseño.

En el transcurso del texto, se presentará una definición de lo que es y lo que caracteriza a un patrón de diseño, y está claro que el uso excesivo puede conducir a la situación inversa que proponen los patrones de diseño.

Actualmente, un proceso serio de desarrollo de software no se concibe sin el uso de la orientación objeto, ya que permite añadir cualidades importantes a los sistemas desarrollados bajo sus paradigmas, como la extensibilidad y la reutilización, obtener esas cualidades.

Para crear las mejores soluciones, es necesario seguir un proceso detallado para un análisis de los requisitos, funcional o no funcional, y desarrollar un diseño que los satisfaga y permita que se prueben posibles defectos, además si desea que el proyecto tenga una arquitectura flexible para adaptarse a problemas y requisitos futuros sin necesidad de rediseño.

Analizando el desarrollo diario de software, es posible identificar que la búsqueda de una solución a un problema específico tiene características idénticas, si no las mismas que las encontradas en un proyecto previamente desarrollado, pero que debido a la deficiencia del proceso, la solución y el problema no fueron documentados.

Y a veces tan poco entendido en su totalidad, haciendo imposible reutilizar ideas y soluciones. Por lo tanto, los problemas idénticos que se repiten en otros contextos no se reconocen como tales, consumiendo tiempo y recursos en busca de soluciones que,, en teoría,, ya se habían encontrado.

Una cosa que los diseñadores avanzados saben que no deben hacer es resolver cada problema desde principios elementales o desde cero. En su lugar, reutilizan soluciones que han funcionado en el pasado y las utilizan repetidamente en sus proyectos. Es como resolver un   problema matemático, o al menos desconocido para alguien.

En primer lugar, utilizamos todos los conocimientos y principios matemáticos que se conocen,, y que serán útiles en la solución. Después de algunos intentos y el uso de las teorías matemáticas, llegamos a la solución y desde allí tenemos un "algoritmo" (estructura montada que se puede utilizar para resolver tantos problemas que existen y es idéntico al resuelto, e incluso si no lo es, es posible reutilizar las ideas y conclusiones del problema resuelto.) Es por eso que los patrones de diseño, patrones de diseño,

Los patrones de diseño facilitan la reutilización de soluciones y arquitecturas exitosas para crear software orientado a objetos de forma flexible y sencilla. El uso de patrones de diseño puede reducir la complejidad del proceso de diseño de software. Además, un software orientado a objetos bien diseñado permite a los diseñadores reutilizar y emplear componentes preexistentes en sistemas futuros.

En el software, los patrones de diseño no son clases ni objetos. En su lugar, los diseñadores usan estos patrones para crear conjuntos de clases y objetos. Para utilizarlos eficazmente, los diseñadores deben familiarizarse con los estándares más populares y eficaces utilizados por la ingeniería de software y conocer su contexto y alcance.

La idea de diseñar soluciones a partir de algo ya conocido y documentado no es nueva. No tiene ningún origen en la industria del software, aunque ya muestra interés en el tema. La idea surgió en 1977 cuando Christopher Alexander publicó un catálogo de más de 250 estándares para la arquitectura civil, discutiendo temas arquitectónicos comunes, describiendo en detalle el problema,, y las justificaciones para su solución.

Christopher Alexander encontró que al reducir el enfoque, al buscar estructuras que resuelven problemas similares, puede discernir similitudes entre diseños de alta calidad. Llamó a estas similitudes "patrones".

Algún tiempo más tarde formaliza su método de describir patrones, argumentando que su uso no limitaría a los arquitectos a soluciones prescritas, sino que garantizaría la presencia de elementos fundamentales, y la posibilidad de perfeccionarlos a través de la experiencia adquirida. Este método llamó la atención de la comunidad de software, haciendo que el tema destacara en conferencias orientadas a objetos.

En 1995 Erich Gama, Richard Helm, Ralph Johnson, John Vlissides, conocidos como los cuatro amigos [Gang of Four - GoF], publicaron el libro sobre el título: "Patrones de diseño - elementos de software reutilizable orientado a objetos, Addison Wesley Longman,"

Ajuste patrón de diseño

Definir lo que es un patrón de diseño de forma clara y objetiva ha sido el objetivo de la comunidad de software desde la década de 1980. El primero en presentar una definición de lo que sería un patrón fue el profesor arquitecto Christopher Alexandre, en su libro "la construcción y el tiempo" (Oxford University Press, 1979). Su definición es:"Cada patrón es una regla de tres partes que expresa una relación entre un contexto determinado, un problema, y una solución." Por lo tanto, para entender la necesidad, la existencia, de un patrón, es necesario estudiar sus partes: el problema, la solución y el contexto al que se aplica.

Así, brevemente, se puede entender como un patrón de diseño, como la solución recurrente a un problema en un contexto, incluso en diferentes proyectos y áreas. Tenga en cuenta que los términos clave de esta definición son contexto, problema y solución, lo que hace imperativo entenderse inequívocamente.

Un contexto se refiere al medio ambiente y a las circunstancias en las que existe algo. El problema es el problema indefinido, algo que necesita ser investigado y resuelto. Por lo general, está vinculado al contexto en el que se produce. Por último, la solución se refiere a la respuesta al problema que ayuda a resolverlo.

Sin embargo, si tenemos una solución a un problema en un contexto determinado, puede que no constituya necesariamente un patrón, ya que debe caracterizarse por la regularidad, es decir, será un patrón si se puede utilizar repetidamente.

Según Christopher Alexander, "Cada patrón describe un problema en nuestro entorno y el núcleo de su solución para que pueda utilizar esta solución más de un millón de veces sin hacerlo de la misma manera".

El grupo de cuatro amigos clasificó los patrones de diseño por dos criterios. El primer criterio es un propósito - refleja lo que hace un patrón. Los patrones pueden tener propósitos de diseño, comportamiento y estructurales.

Los patrones de creación describen técnicas para crear instancias de objetos (o grupos de objetos) y permiten organizar clases y objetos más grandes en la estructura. se caracterizan por la forma en que las clases u objetos interactúan y distribuyen responsabilidades, y los estructurales tratan de la composición de clases u objetos. El segundo criterio especifica si el patrón se aplica a la clase u objeto.

Características de un patrón de diseño

Aunque un patrón es una descripción de un problema, una solución genérica y su justificación, esto no significa que cualquier solución conocida a un problema pueda constituir un patrón, ya que hay características obligatorias que deben cumplir las normas.

Deben tener un nombre que describa el problema, las soluciones y las consecuencias. Un nombre me permitió definir el vocabulario para ser utilizado por diseñadores y desarrolladores en un nivel más alto de abstracción.

Cada patrón debe indicar claramente a qué problema (s) debe aplicarse, es decir, qué problemas cuando se inserta en un contexto dado, el patrón será capaz de resolverlo. Algunos pueden requerir condiciones previas.

La solución describe los elementos que componen el proyecto, sus relaciones, responsabilidades, y colaboraciones. Un patrón debe ser una solución concreta, y debe expresarse como una plantilla (algoritmo),, que, sin embargo, se puede aplicar de diferentes maneras.

Cada estándar debe informar cuáles son sus consecuencias para que se pueda analizar la solución alternativa del proyecto y comprender los beneficios de la aplicación del proyecto.

Un código de diseño no se puede considerar un fragmento de código específico; incluso si para su creador,, refleja un patrón que resuelve un problema particular porque los patrones deben estar en un nivel más alto de abstracción y no limitado a los recursos de programación. Un patrón de diseño nombra, abstrae e identifica aspectos clave de una estructura de diseño común para que sea útil para crear un proyecto orientado a objetos reutilizable.

La importancia del diseño de patrones

Lo más importante de los estándares es que son soluciones aprobadas. Cada catálogo incluye solo patrones que muchos desarrolladores han encontrado útiles en varios proyectos. Las normas catalogadas también están bien definidas; Los autores describen cada patrón con mucho cuidado y en su propio contexto, por lo que será fácil aplicar el patrón en sus propias circunstancias. También forman un vocabulario común entre los desarrolladores.

Cuando los estándares no te ayudaran

Los patrones son un mapa, no uno estratégico. Los catálogos suelen presentar algún código fuente como una estrategia de ejemplo, por lo que no deben considerarse definitivos. Los estándares no le ayudarán a determinar qué aplicación debe escribir solo cómo implementar mejor la aplicación una vez que se determinen el conjunto de características y otros requisitos. Los patrones ayudan con qué y cómo, pero no por qué o cuándo.

El concepto de usar patrones indiscriminadamente se conoce como anti-patrones. Según Andrew Koenig, si un patrón representa la "mejor práctica", entonces un antipatrón representa una "lección aprendida".

Hay dos nociones de antipatrones:

- Aquellos que describen una mala solución a un problema que ha dado lugar a una mala situación;

- Aquellos que describen cómo deshacerse de una mala situación y cómo pasar de esa situación a una buena situación.

En resumen, un antipatrón constituye el uso indebido de patrones de diseño, o su uso excesivo, que puede verse por el uso de patrones que son inapropiados para un contexto dado, o uso indebido. El uso de patrones proporciona una mayor flexibilidad del sistema. Como sea, puede hacer que sea más complejo o degradar el rendimiento. Algunas pérdidas son tolerables, pero subestimar los efectos

secundarios de la adopción de patrones es un error común,
especialmente aquellos que toman su uso como un diferencial en
lugar de la necesidad real.

Cómo resolver problemas con los patrones de diseño

El objetivo principal del uso de patrones de diseño en el desarrollo
de software es la orientación. Dado que los objetos son los
elementos clave en los proyectos de OO, la parte más difícil del
diseño es la descomposición de un sistema en objetos. La tarea es
difícil porque entran en juego muchos factores: encapsulación,
granularidad, dependencia, flexibilidad, rendimiento, evolución,
reutilización, etc. Todas estas influencias influyen en la
descomposición, a menudo de maneras contradictorias.

Gran parte de los objetos participantes provienen del método de
análisis. Sin embargo, los diseños orientados a objetos terminan
compuestos por objetos que no tienen contraparte del mundo real.

Las abstracciones que aparecen durante un proyecto son las claves
para hacerlo flexible. Los patrones de diseño ayudan a identificar
abstracciones menos obvias, así como los objetos que pueden
capturarlos. Por ejemplo, los objetos que representan procesos de
algoritmos no se producen en la naturaleza. aunque, son una parte
crucial de los diseños flexibles. Estos objetos rara vez se encuentran
durante el análisis o incluso durante las primeras etapas de un
proyecto; se descubren más adelante en el proceso de hacer un
proyecto más flexible y reutilizable.

Cómo elegir un patrón de diseño

Elegir entre los estándares existentes, el que mejor resuelve un
problema de proyecto sin cometer el error de tomar la decisión

equivocada y hacerlo inviable es una de las tareas más difíciles. En resumen, la elección de un patrón de diseño para utilizar puede basarse en los siguientes criterios:

1. Considere cómo los patrones de diseño resuelven problemas de diseño.

2. Examine cuál es la intención del patrón, es decir, cuál es realmente el patrón de diseño, cuáles son sus principios y qué tema o problema de diseño en particular aborda (resuelve).

3. Estudie cómo se relacionan los patrones.

4. Estudie las similitudes entre los patrones.

5. Examine una causa de revisión del diseño.

6. Considere lo que debe ser variable en su proyecto; es decir, en lugar de considerar lo que podría forzar un cambio en un proyecto, considere lo que desea poder cambiar sin rediseñarlo.

Cómo Usar un patrón de diseño

Una vez que haya elegido el patrón (es) que se utilizará en el proyecto,, debe saber cómo usarlo. Un enfoque recomendado por la pandilla de cuatro amigos para aplicar un patrón a un proyecto es:

1. Lea el patrón completamente una vez para obtener su visión general. Conocer el patrón especialmente su aplicabilidad y consecuencias es importante para que realmente resuelva su problema;

2. Estructura de estudio, participantes y colaboraciones. Asegurarse de entender las clases y objetos del patrón y cómo se relacionan entre sí;

3. Elija nombres para los participantes del patrón que tengan sentido en el contexto de la aplicación;

4. Defina las clases. Declare interfaces, establezca sus relaciones de herencia y defina variables de instancia que representen referencias a datos y objetos. Identifique las clases existentes en la aplicación que se verán afectadas por el patrón y modifíquelas;

5. Defina nombres específicos de la aplicación para las operaciones en el patrón. Los nombres generalmente dependen de la aplicación. Utilizar las responsabilidades y colaboraciones asociadas con cada operación como guía;

6. Implementar operaciones para apoyar las responsabilidades estándar y presentar colaboraciones. La sección Implementación ofrece sugerencias para guiarle a través de la implementación.

Estas son sólo pautas que se pueden utilizar hasta que se obtenga la experiencia y los conocimientos necesarios para desarrollar una forma particular de trabajar con patrones de diseño. Las normas de diseño no deben aplicarse indiscriminadamente. A menudo ganan flexibilidad y variabilidad mediante la introducción de niveles adicionales de direccionamiento indirecto, y esto puede complicar un proyecto y / o costar algo en términos de rendimiento. Un patrón de diseño sólo debe aplicarse cuando la flexibilidad que ofrece es realmente necesaria.

Diseño de patrones

Una lectura rápida del código de la Biblioteca de componentes visuales (VCL) de Delphicon muestra que se creó utilizando patrones de diseño ampliamente. Lo cual es muy bueno porque observa el nivel de excelencia de la herramienta. Esto se debe a que Delphi implementa plenamente las buenas prácticas d orientadas a objetos- OOP, que ayudan as en la implementación de proyectos reutilizables.

Patrones de creación

Los patrones de creación son aquellos que abstraen o posponen el proceso de creación de objetos. Ayudan a que un sistema sea independiente de cómo se crean, componen y representan sus objetos. Un patrón de creación de clases utiliza la herencia para variar la clase que se crea una instancia, mientras que un patrón de creación de objetos delegará la creación de instancias a otro objeto.

Los patrones de creación se vuelven importantes a medida que los sistemas evolucionan para depender más de la composición de objetos que de la herencia de clases. El desarrollo basado en objetos permite que los objetos se compongan sin tener que exponer sus interiores como lo hacen en la herencia de clases. Esto permite definir dinámicamente el comportamiento y el énfasis cambia de codificar rígidamente un comportamiento fijo establecido, para definir un conjunto más pequeño de comportamientos que se pueden componer en cualquier número para definir comportamientos más complejos.

Hay dos temas recurrentes en estos patrones. En primer lugar, todos encapsulan el conocimiento sobre el que el sistema utiliza clases concretas. En segundo lugar, ocultan la forma en que se crean y ensamblan estas clases. Todo lo que el sistema generalmente conoce sobre los objetos es que las clases abstractas definen sus clases. Por lo tanto,, los patrones de diseño dan mucha flexibilidad en lo que se crea, quién crea, cómo y cuándo se crea. Le permiten configurar un sistema con objetos de "producto" que varían ampliamente en estructura y funcionalidad. La configuración puede ser estática (es decir, especificada en tiempo de compilación) o dinámica (en tiempo de ejecución).

Fábrica abstracta

Está diseñado para proporcionar una interfaz para crear familias de objetos relacionadas o dependientes sin especificar sus clases concretas. También conocido como Kit.

Este patrón debe aplicarse cuando se desea aislar la aplicación de la implementación de la clase concreta, que podría ser un componente y marco específico en el que la aplicación sólo conocería una interfaz y la implementación concreta solo se conocería en tiempo de ejecución o compilación.

Imagine que una aplicación necesita ser implementada para soportar diferentes plataformas y características - por ejemplo,, una vista de escritorio y una vista móvil (teléfono Pocket PC). La forma de construirlo sería definir una familia de componentes para cada plataforma y una fábrica que los cree una instancia de acuerdo con la plataforma de destino en la que se va a ejecutar la aplicación.

Según los cuatro amigos, el uso del patrón de fábrica abstracta debe limitarse a las siguientes situaciones:

- Un sistema debe ser independiente de cómo se crean, componen o representan sus productos;

- Un sistema debe configurarse como un producto de múltiples fachadas de productos;

- Una familia de objetos está diseñada para usarse juntas, y debe aplicar esta restricción;

- Desea proporcionar una biblioteca de clases de producto y desea revelar solo sus interfaces, no sus implementaciones.

La estructura arquitectónica del patrón definido según GoF es como se muestra en la figura siguiente.

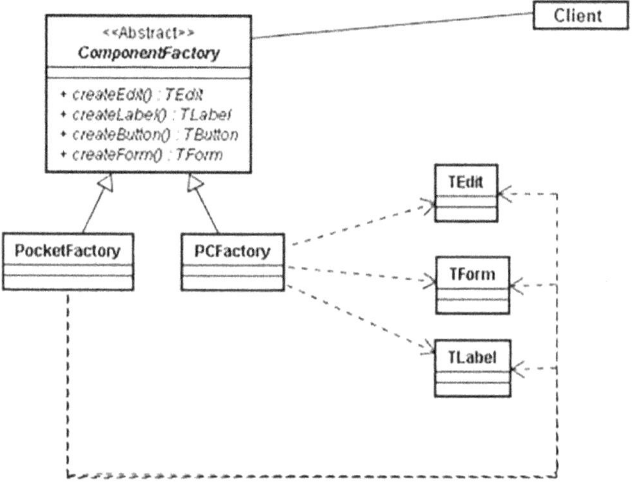

La estructura de un ejemplo más en línea con la realidad del desarrollador se presenta en la Figura 2. La idea básica que presenta la figura es ofrecer al usuario (desarrollador) la posibilidad de ejecutar una aplicación en diferentes plataformas.

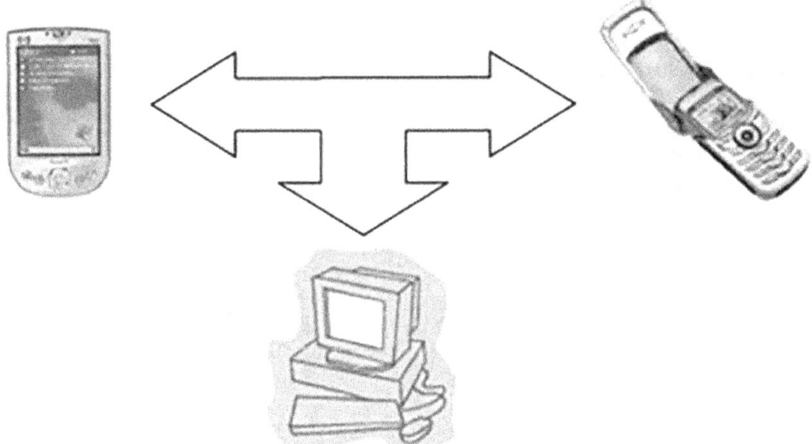

Los participantes son:

- **ComponentFactory** -declara una interfaz para las operaciones que crean objetos de componentes utilizados en la aplicación;

- **PocketFactory** - clase concreta que implementa operaciones que crean objetos en el formato del dispositivo cliente;

- **PCFactory** -clase -clase que implementa las operaciones responsables de crear objetos en formato PC.

El patrón de fábrica abstracta tiene las siguientes ventajas y desventajas:

- Aísla las clases concretas.

- Facilita el intercambio de familias de productos.

- Promueve la armonía entrc los productos.

- Es difícil soportar nuevos tipos de productos.

Método de fábrica

Defina una interfaz para crear objetos, pero deje que las subclases decidan qué clase crear instancias. Factory Method, también conocido como constructor virtual, permite posponer la creación de objetos a subclases.

Este patrón es comúnmente utilizado por los diseñadores de software cuando hay una necesidad de encapsular la creación de la clase concreta de la aplicación cliente a través de una interfaz.

Esta necesidad es comúnmente deseada por aquellos que trabajan en el desarrollo del marco de trabajo, which usar clases abstractas para definir y mantener las relaciones entre los objetos. De esta manera, los clientes implementan la funcionalidad esperada por el marco de trabajo mediante la adición de lógica de negocios específica de la aplicación, sin que el marco de trabajo sepa cómo y qué lógica implementa la aplicación para complementarla.

Un ejemplo de uso del patrón puede ser en la creación de aplicaciones que tienen que admitir diferentes implementaciones de persistencia con un reelaboración mínimo.

El uso del estándar Método de fábrica puede ser condicional cuando:

1. Una clase no puede anticipar la clase/tipo de objetos que debe crear;

2. Una clase especifica que sus subclases conocen los objetos que crean;

3. Clases que delegan la responsabilidad en una de varias subclases auxiliarcs y desea saber qué subclase auxiliar es el delegado.

Los participantes son:

- **Producto:** define la interfaz de objeto que se creará mediante el método de fábrica;

- **ConcreteProduct** - implementación de interfaceProduct;

- **Creator** - declara el método de fábrica que devuelve un objeto de tipo Product;

- **ConcreteCreator** : reemplaza el método de fábrica que devuelve una instancia concreta de interfaceProduct.

El estándar Factory Method elimina la necesidad de anexar clases específicas de la aplicación al código. El código sólo se ocupa de la interfazproduct, por lo que puede trabajar con cualquier implementación definida por el usuario de la clase que implementa, Producto

Singleton

Asegurarse de que un objeto tendrá una sola instancia, es decir, que una clase generará solo un objeto y que estará disponible de forma exclusiva para todo el ámbito de una aplicación.

Algunas aplicaciones tienen que controlar el número de instancias creadas de algunas clases, ya sea por el bien de la lógica misma o por razones de rendimiento lo que ahorra recursos.

Imagine cuando una aplicación que existe simultáneamente en un dispositivo móvil (Pocket PC, Mobile, Palm) y en un entorno corporativo necesita un proceso de sincronización entre la información procesada en el dispositivo móvil y la base corporativa. Ambas aplicaciones deben comunicarse con un objeto que debe ser único para procesar este tiempo para evitar la posibilidad de crear datos en la base dedatos.

El uso de la norma Singleton está sujeto a:

- Cuando es necesario mantener en un sistema, ya sea distribuido o no, sólo una instancia de objeto y que el punto de acceso para él es bien conocido(por ejemplo, objeto responsable de un grupo de impresión en una red, gestor de ventanas);

- Cuando la instancia única tiene que ser extensible a través de subclases, lo que permite a los clientes utilizar una instancia extendida sin cambiar su código (vistas polimórficas).

- Los desarrolladores de Delphi ya utilizan el comportamiento predeterminado Singleton en sus aplicaciones, cuando declaran variables globales en el área del proyecto de inicio y entonces reutilizan la instancia de objetos. TApplication, TCiipInterface son ejemplos de objetos que no tendrían ningún significado;; hay más de una instancia de la aplicación y, por lo tanto,, asumen el comportamiento del patrón Singleton.

La estructura del patrón se muestra en la figura siguiente.

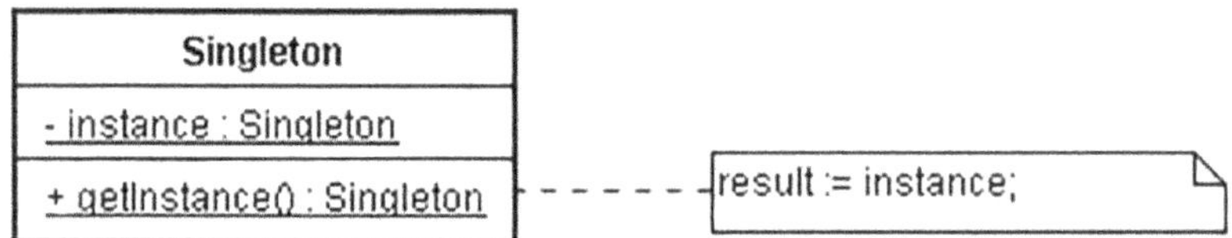

Los participantes son:

1. Singleton- define un método estático que permite a los clientes obtener un solo objeto. También será responsable del proceso de creación de objetos.

Los beneficios que la norma ha sido::

- Acceso controlado a una sola instancia;

- Espacio de nombres reducido (digamos no a la proliferación de variables globales);

- Permite el refinamiento de operaciones y representaciones;

- Permite un número variable de instancias: el estándar permite la estrategia de crear más de una instancia de la clase de forma controlada;

- Más flexible que las operaciones de clase;

Patrones estructurales

Los patrones estructurales se refieren a cómo se componen las clases y los objetos para formar estructuras más grandes. Las clases usan la herencia para componer interfaces o implementaciones y objetos en lugar de componer interfaces o implementaciones, y describen formas de componer objetos para una nueva funcionalidad. La flexibilidad obtenida por composición de objetos proviene de la capacidad de cambiar la composición en tiempo de ejecución, lo que no es posible con una composición estática (herencia de clases).

Adaptador

Convierta la interfaz de una clase a otra esperada por los clientes. Esto hace posible que las clases con interfaces incompatibles trabajen juntas - o de otro modo imposible. También conocido como Wrapper (adaptador).

A veces, una clase de un kit de herramientas diseñado para reutilizarse no coincide con la interfaz específica del dominio requerida por una aplicación.

El uso de la norma está sujeto a:

1. Utilice una clase existente, pero su interfaz no coincide con la interfaz necesaria;

2. Cree clases reutilizables que cooperen con clases no relacionadas o no previstas, es decir, clases con una interfaz inicialmente incompatible.

Los participantes son:

1. Target: define la interfaz específica del dominio de cliente;

2. Cliente: colabora con objetos compatibles con Target;

3. Adaptacion - La interfaz existente necesita adaptación;

4. Adapter –adapta interfaceAdoptee interfaceTarget.

Para adaptaciones de objetos:

• Permite que un único adaptador se adapte a una Adoptee y sus subclases;

• Es más difícil redefinir el comportamiento de un Adoptee. Se logra a través de una subclase de Adaptee, que es un adapter al que se hace referencia.

Patrones de comportamiento

Los patrones de comportamiento se centran en algoritmos y asignaciones de responsabilidades entre objetos. Describen no sólo patrones de objeto o clase, sino también patrones de comunicación entre objetos.

Los patrones de comportamiento de clase usan la herencia para distribuir el comportamiento entre las clases y los patrones de comportamiento de objetos usan la composición de objetos en lugar de la herencia. Algunos describen cómo los grupos de objetos cooperan en la realización de una tarea que no pudo realizar un objeto solo.

Método de plantilla

Defina el esqueleto de un algoritmo en funcionamiento aplazando algunos pasos a las subclases. Método de plantilla permite a las subclases redefinir ciertos pasos de un algoritmo sin cambiar su estructura.

Ahora imagine que tiene que crear una aplicación que tenga una función determinada de la que solo se conoce el algoritmo de ejecución, y el trabajo de codificación para realizar la operación puede retrasarse. Vea la siguiente figura.

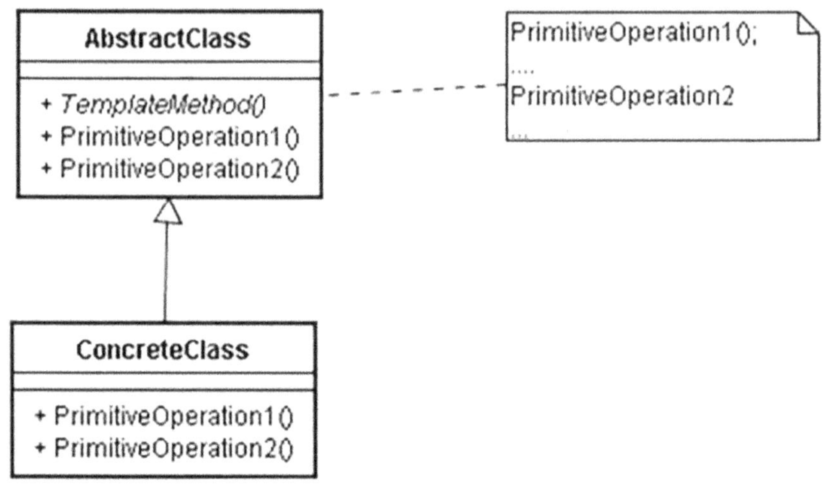

Sobre la aplicabilidad de esta norma tenemos:

- Para implementar las partes invariables de un algoritmo y subclase la implementación de la parte variante;

- Para tener en cuenta un comportamiento similar entre subclases de una superclase evitando así la duplicación de código;

Para controlar las extensiones de clase con métodos hook

Sus participantes son:

- **AbstractClass**: define las operaciones primitivas y abstractas que representan los pasos de un algoritmo e implementa un método que invoca estas operaciones primitivas;

- **ConcreteClass**: implementa las operaciones específicas definidas en la superclase con el código específico.

Los métodos de plantilla son una técnica fundamental para la reutilización del código. Conducen a una inversión de marco IoC de control o principio de dependencia inversa, comúnmente conocido como el "principio de Hollywood", que significa, "no nos llames, te llamaremos". Esto hace referencia a cómo una clase primaria llama a las operaciones de una subclase, no al revés.

El uso de patrones de diseño permite la construcción flexible de aplicaciones y/o estructuras de código y la documentación de soluciones reutilizables. A través de patrones de diseño, es posible identificar los puntos en común entre dos soluciones diferentes para el mismo problema. Conocer estos puntos en común nos permite desarrollarn soluciones mejores y más eficientes que pueden ser reutilizadas, permitiendo así el avance del conocimiento humano.

Los patrones hacen posible, a través de un lenguaje claro y conciso, que los diseñadores experimentados transfieran sus conocimientos a los más jóvenes a un alto nivel de abstracción y así faciliten el desarrollo y reutilización del código.

Capítulo 3

Arquitectura limpia: Desarrollo orientado a la arquitectura

El software, en términos generales, es un estado de cambio casi constante. Los cambios se producen debido a la necesidad de corregir los errores de software existentes o agregar nuevas características y funcionalidades. Del mismo modo, los sistemas informáticos(es decir, aquellos que tienen software como uno de sus elementos) también cambian con frecuencia. Esta necesidad cambiante del sistema de software lo hace "poco fiable" y propenso a defectos, entrega tardía y sobrecostos. Concomitante con estos hechos, el crecimiento en tamaño y complejidad de los sistemas de software requiere que los profesionales razonan, diseñen, codifiquen y se comuniquen a través de componentes de software. Como resultado, cualquier diseño o solución del sistema se mueve al nivel arquitectónico.

Hace casi cinco décadas, el software era una parte insignificante de los sistemas existentes,, y sus costos de desarrollo y mantenimiento eran insignificantes. Para realizar esto, basta con mirar la historia de la industria del software (consulte la sección Enlaces). Encontramos el uso de software en una amplia variedad de aplicaciones como sistemas de fabricación, software científico, software integrado, robótica, y aplicaciones web, entre muchas. Al mismo tiempo, surgió varias técnicas de modelado y diseño, así como lenguajes de programación. Tenga en cuenta que el escenario existente hace décadas ha cambiado por completo.

En el pasado, los diseños de sistemas asignaban una pequeña parte del software. Los componentes de hardware, por otro lado, fueron analizados y probados casi exhaustivamente, lo que permitió la rápida producción de un gran número de subsistemas y los errores de diseño raros implícitos. Sin embargo, la facilidad de modificar el software en comparación con el hardware ha servido como un motivador para su uso. Además, el mayor uso de software en una amplia variedad de aplicaciones ha hecho que crezca en tamaño y complejidad. Esto ha hecho que sea prohibitivo analizarlo y probarlo a fondo e impactar los costos de mantenimiento.

Un reflejo de esto es que las técnicas de abstracción utilizadas hasta finales de la década de 1980 (como la descomposición modular, los lenguajes de programación de alto nivel y los tipos de datos abstractos) ya no son suficientes para abordar esta necesidad.

A diferencia del uso de algoritmos y técnicas de estructuras de datos y los lenguajes de programación que implementan dichas estructuras, el crecimiento de los sistemas de software exige anotaciones para conectar componentes (módulos) y describir mecanismos de interacción, así como técnicas para gestionar configuraciones y controlar versiones.

La siguiente table muestra el contexto de la arquitectura de software. En la programación estructurada, las estructuras de secuencia, las decisiones y las repeticiones se utilizan como "patrones" de control en los programas. La ocultación de información es una característica del paradigma orientado a objetos que permite al programador, por ejemplo, ocultar los datos haciéndolo seguro de cualquier cambio accidental. Además, en la programación orientada a objetos, los datos y las funciones se pueden "encapsular" en una entidad llamada objeto, lo que se traduce en una mayor simplicidad y facilidad de mantenimiento del programa. Por otro lado, los estilos arquitectónicos capturan el "patrón" de organizar los componentes de software en un programa, caracterizando cómo los componentes se comunican entre sí.

Enfoque	centro de atención	Estándares
Programación estructurada	Sistemas pequeños	Estructuras de control
Abstracción	Sistemas de tamaño mediano	Encapsulación y ocultación de información
Componentes y conectores	Sistemas grandes	Estilos arquitectónicos

Contexto de arquitectura de software.

Tenga en cuenta que la categorización, presentada en la Tabla 1, estaba destinada a capturar una visión general de los enfoques aplicados a los sistemas de software. Nada impide, por ejemplo, el uso de la programación estructurada en sistemas grandes o el énfasis de un estilo arquitectónico en un sistema pequeño. Sin embargo, esta práctica no es común.

Tenga en cuenta que a medida que aumenta el tamaño y la complejidad de los sistemas de software, el problema de diseño va más allá de las estructuras de datos y los algoritmos de cálculo. Es decir, el diseño de la arquitectura del sistema (o estructura general) surge como un nuevo problema. Los problemas arquitectónicos abarcan la organización y la estructura de control general, los protocolos de comunicación, la sincronización, la asignación de funciones de componentes y la selección de alternativas de diseño. Por ejemplo, en sistemas web, una solución que se ha empleado hace uso de varias capas que separan componentes de cliente, servidores de aplicaciones, servidores web y otras aplicaciones (que pueden tener acceso a este sistema).

Esta estructuración en capas tiene como objetivo facilitar la asignación de funcionalidad a los componentes. El uso de capas admite flexibilidad y portabilidad, lo que resulta en facilidad de mantenimiento. Otra característica notable de la arquitectura en capas es el uso de interfaces estándar para facilitar la reutilización y el mantenimiento. Las interfaces bien definidas encapsulan componentes ya probados (con funcionalidad definida), una práctica que permite la reutilización y también ayuda al mantenimiento, ya que cualquier cambio necesario se limitaría a ese componente.

Importancia de la arquitectura de software

Todos estos factores comprenden el diseño a nivel arquitectónico y están directamente relacionados con la organización del sistema y, por lo tanto, afectan a los atributos de calidad (también llamados requisitos no funcionales) como el rendimiento, la portabilidad, la confiabilidad, la disponibilidad y más. Si hacemos una comparación entre la arquitectura de software (caracterizada, por ejemplo, por el estilo en capas) y la arquitectura "clásica" (relacionada con la construcción de edificios), podemos ver que el diseño arquitectónico es crucial para el éxito del sistema.

La siguiente tabla destaca aspectos de la representación del diseño que capturan los elementos característicos de la arquitectura, mientras que las restricciones están asociadas con atributos de calidad y, por lo tanto, sirven como determinantes en las decisiones del diseño arquitectónico. Por ejemplo, si bien el uso de varias capas facilita el mantenimiento de un sistema de software, también contribuye a degradar el rendimiento del sistema. Una táctica ha sido reducir el nivel de acoplamiento entre los componentes para no comprometer el rendimiento del sistema. Por lo tanto, si adoptamos una reducción en el nivel de acoplamiento de los componentes, tendrán menos necesidad de comunicación entre sí, lo que se traduce en un mejor rendimiento.

Categorías arquitectónicas	Representaciones de proyectos	Restricciones
Arquitectura clásica	Modelos, dibujos, planos, elevaciones y perspectivas	Patrones de circulación, acústica, iluminación y ventilación
Arquitectura de software	Plantillas para diferentes roles, múltiples vistas	Rendimiento, fiabilidad, escalabilidad y mantenibilidad

Comparación de aspectos arquitectónicos.

Hoy en día, los procesos de ingeniería de software requieren diseño de software arquitectónico. ¿Por qué?

- Es importante poder reconocer las estructuras comunes existentes para que los arquitectos de software (o ingenieros de software que desempeñan el papel de arquitecto de software - según el Cuadro 3) puedan entender las relaciones que existen en los sistemas en uso y utilizar ese conocimiento en el desarrollo de nuevos sistemas.

- Comprender las arquitecturas permite a los ingenieros tomar decisiones sobre alternativas de diseño.

- Una especificación arquitectónica es esencial para analizar y describir las propiedades de un sistema complejo, lo que permite al ingeniero tener una visión general completa del sistema.

- El conocimiento de las anotaciones para describir arquitecturas permite a los ingenieros comunicar nuevos diseños y decisiones arquitectónicas tomadas a otros miembros del equipo.

Cabe destacar que, para entender la arquitectura, el ingeniero de software debe conocer los estilos arquitectónicos existentes, como se presenta a continuación. Las propiedades de cada arquitectura, por lo tanto, dependen del estilo arquitectónico adoptado. Por ejemplo, el uso de una notación estándar como UML ayuda a representar componentes y compartir información del proyecto.

Estos aspectos sirven como indicadores de una temprana madurez de ingeniería de software. Otros aspectos incluyen el uso y reutilización de soluciones existentes en el desarrollo de nuevos sistemas. Para ello, se ha utilizado la creación de prototipos en proyectos de carácter innovador (mucho antes de la implementación o aceptación de un producto).

Además, la creciente complejidad y el número de requisitos del sistema hacen que sea cada vez más difícil cumplir con las restricciones presupuestarias y de programación. Hoy en día, las empresas han tratado de incorporar la estrategia de reutilización de software, haciendo hincapié en la reutilización centrada en la arquitectura para obtener mejores resultados de desarrollo del sistema. Tenga en cuenta que la arquitectura de software sirve como un marco a través del cual se pueden comprender los componentes de un sistema y sus interrelaciones. En otras palabras, define la estructura del sistema de forma coherente para las implementaciones, ya que está directamente relacionada con atributos de calidad, como la fiabilidad y el rendimiento.

La organización de componentes en un sistema de software afecta a la calidad que presenta. Por ejemplo, la adopción de una arquitectura en capas sirve para modular el sistema, así como para facilitar las modificaciones. Sin embargo, demasiadas capas (4 o 5) pueden degradar el rendimiento del sistema si hay un alto grado de acoplamiento entre los componentes.

Varios beneficios se derivan de la incorporación de la arquitectura de software como un "elemento guía" del proceso de desarrollo de software. Cabe señalar que la arquitectura puede:

- Proporcionar compatibilidad con la reutilización: los componentes definidos y probados se pueden reutilizar en nuevas aplicaciones.

- Estimación de costes y gestión de proyectos de bajo perfil: la existencia de una arquitectura bien definida permite al director de proyecto asignar correctamente tareas desde, por ejemplo, la implementación de componentes y estimar mejor el tiempo y el tamaño del equipo necesarios para completar un proyecto.

- La base para el análisis de coherencia y dependencia - El arquitecto de software puede verificar que la arquitectura de software adoptada admite los atributos de calidad deseados de forma coherente y evaluar el nivel de dependencia de los atributos de calidad en la arquitectura. Para ello, realiza el análisis arquitectónico que verifica el soporte ofrecido por la arquitectura a un conjunto de atributos de calidad (como rendimiento, portabilidad, y fiabilidad).

- Ser utilizado para determinar los atributos de calidad del sistema- El arquitecto de software realiza el análisis arquitectónico para determinar los atributos de calidad. Es un proceso iterativo.

- Actuar como un marco para cumplir con los requisitos del sistema: la arquitectura ayuda a definir los requisitos funcionales, que comprenden el conjunto de características del sistema de software, y los requisitos no funcionales (o atributos de calidad) que determinan las características visibles del usuario, como el rendimiento y la fiabilidad.

Una pregunta que podría hacerse es: ¿Por qué recientemente ha sido el foco en la arquitectura de software?

La respuesta es simple: economía y reutilización.

Anteriormente no había un fuerte énfasis en la disciplina de ingeniería de software, un hecho que ocurrió con la maduración de esta nueva área a lo largo de la década de 1990. Todo motivó el surgimiento de un nuevo profesional: el arquitecto de software.

Habilidades de arquitecto de software

Tenga en cuenta que el arquitecto de software desempeña un papel clave en la estrategia de la empresa. Necesita tener un profundo conocimiento del dominio, las tecnologías existentes y los procesos de desarrollo de software. En la siguiente tabla se presenta un resumen del conjunto de habilidades deseada de un arquitecto de software y las tareas asignadas.

Tenga en cuenta que la creación de prototipos es una tarea común en la que el arquitecto desarrolla un prototipo para 'probar' una posible solución. La simulación se puede utilizar cuando necesita evaluar el soporte ofrecido a un determinado atributo de calidad, como el rendimiento. Por otro lado, la experimentación puede producirse cuando el arquitecto necesita probar un componente recién implementado.

Habilidades deseadas	Tareas asignadas
Conocimiento sano y tecnologías relevantes	Modelado
Conocimiento de cuestiones técnicas para el desarrollo de sistemas	Análisis de compromiso y viabilidad
Conocimiento de técnicas de recopilación de requisitos, modelado de sistemas y métodos de desarrollo	Prototipado, simulación y experimentación
Conocimiento de las estrategias de negocio de la empresa	Análisis de tendencias tecnológicas
Conocimiento de procesos, estrategias y productos de empresas competidoras.	'Evangelizador' de nuevos arquitectos

Habilidades y tareas de un arquitecto de software.

El estilo arquitectónico

El estilo arquitectónico sirve para caracterizar la arquitectura de
software de un sistema que permite:

- Identificación de componentes: el arquitecto identifica qué
elementos clave tienen una funcionalidad bien definida,
como un componente de información de usuario (registro) y
un componente de autenticación de usuario en una aplicación
web.

- Identificación de mecanismos de interacción: la
comunicación entre objetos a través del intercambio de
mensajes es una forma en la que los componentes de
software interactúan entre sí.

- Identificación de propiedades: el arquitecto puede analizar
las propiedades ofrecidas por cada estilo en función de la
organización de componentes y los mecanismos de
interacción, como se describe a continuación.

El estilo arquitectónico considera el sistema completamente,
permitiendo al ingeniero de software o arquitecto determinar cómo
se organiza el sistema, caracterizando los componentes y sus
interacciones. En otras palabras, determina una estructura para todos
los componentes del sistema. El estilo arquitectónico comprende el
vocabulario de componentes y conectores, así como la topología
empleada. Pero usted puede estar preguntándose: ¿Por qué es
importante conocer el estilo arquitectónico?

Los sistemas grandes requieren niveles más altos de abstracción
(justo donde están los estilos) que apoyan la comprensión del
proyecto y la comunicación entre los participantes del proyecto. Es
crucial para entender la organización de un sistema de software.

Pero, ¿qué se gana conociendo el estilo arquitectónico? Ofrece:

- Compatibilidad con atributos de calidad (o requisitos no funcionales);

- Diferenciación entre arquitecturas;

- Menos esfuerzo para entender un proyecto;

- Reutilización de arquitectura y conocimiento en nuevos proyectos.

Conocer el estilo arquitectónico permite al ingeniero anticipar, a través de un análisis (arquitectónico), el impacto que el estilo(es decir, la clase de organización del sistema) tendrá en los atributos de calidad. Además, facilita la comunicación del proyecto, así como la reutilización de la arquitectura (solución).

La caracterización y existencia de estilos arquitectónicos son signos de la madurez de la ingeniería de software ya que permite al ingeniero organizar y expresar el conocimiento de un proyecto de forma sistemática y útil. Tenga en cuenta que una forma de codificar el conocimiento es tener un vocabulario de un conjunto existente de, conceptos (terminología, propiedades y restricciones), estructuras (componentes y conectores) y patrones de uso. Los conectores se emplean en la interacción entre componentes como la tubería de tubería y el estilo de filtro y los mensajes de estilo de objeto.

Ejemplificando de tuberías y filtros

El estilo arquitectónico de tuberías y filtros considera la existencia de una red a través de la cual los datos fluyen de extremo a extremo. Los datos fluyen a través de tubos y los datos cambian cuando se procesan en los filtros.

Quien(who) es el Tipo

La línea de comandos anterior ejecuta el comando who (una vez) y reenvía su salida al programa de ordenación, como se muestra en la siguiente figura. El resultado de ejecutar el programa who es una lista de todos los usuarios que han iniciado sesión actualmente (en un servidor específico), mientras que el programa de ordenación ordena esta lista de usuarios en orden alfabético (inicio de sesión).

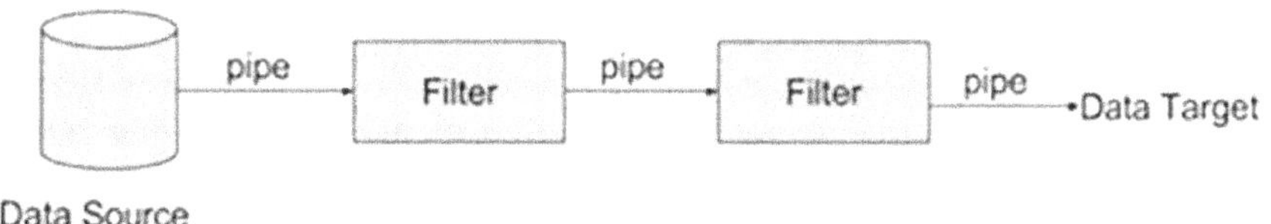

Ejemplo del estilo arquitectónico de tuberías y filtros.

Un compilador tiene dos funciones básicas: análisis y síntesis. La función de análisis se implementa mediante tres, componentes: analizadores léxicos, sintácticos y semánticos. La función de síntesis comprende los componentes de optimización y generación de código. Tenga en cuenta que esta arquitectura admite la portabilidad y la reutilización.

Sin embargo, esta arquitectura ha evolucionado con la introducción de un componente generador de código intermedio para hacer que la arquitectura del compilador sea 'más portátil' a múltiples plataformas para reducir los costos en el desarrollo de diferentes productos, o, i. e., compiladores para diferentes plataformas.

Una nueva evolución de la arquitectura del compilador para satisfacer la necesidad de integración (compilador) con otras herramientas como el editor y el depurador ha dado lugar a la arquitectura.

Es importante destacar que la evolución de la arquitectura del compilador fue principalmente el resultado de la necesidad de admitir el requisito de portabilidad. En este sentido, se puede destacar como ventajas:

- El problema o el sistema se pueden descomponer jerárquicamente;

- La función sistema se ve como composición del filtro;

- Facilidad de reutilización, mantenimiento y extensión, que emplea el enfoque negro-caja, donde cada componente tiene bien-funcionalidad definida interfaz, facilitando los cambios en ellos;

- El rendimiento se puede aumentar mediante el procesamiento de filtros paralelos a medida que la activación y el uso de componentes se producen con el flujo de datos, lo que permite que los componentes con funcionalidad independiente se ejecuten simultáneamente.

A pesar de las ventajas mencionadas anteriormente, el estilo de tubo y filtro enfatiza el modo por lotes, lo que dificulta su uso en aplicaciones interactivas y situaciones que requieren orden de filtro. Otro problema técnico a tener en cuenta es la posibilidad de interbloqueo mediante búferes finitos (para el almacenamiento temporal de datos). Este estilo arquitectónico se ha empleado debido a las ventajas previamente resaltadas.

Ejemplos de otros estilos incluyen

- **Capas** - La arquitectura del sistema de software está organizada en un conjunto de capas, ofreciendo una mayor flexibilidad y compatibilidad con la portabilidad. Identificar el nivel de abstracción no siempre es evidente y el rendimiento se pierde a medida que crece el número de capas. Un ejemplo de este estilo comprende los sistemas web multicapa que separan los clientes, los servidores de aplicaciones, los servidores web, y otros clientes web.

- **Objetos:** esta arquitectura combina datos con funciones en una sola entidad (objeto), lo que facilita la descomposición, el mantenimiento y la reutilización de problemas. Es común utilizar arquitectura orientada a objetos en sistemas de información como la consulta de bibliotecas en línea y sistemas de préstamo que tienen componentes de registro de usuarios y componentes de autenticación de usuario. Tenga en cuenta que existen componentes similares en otros sistemas de información, como sitios de contenido (periódicos y revistas) que requieren registro y autenticación por parte de cualquier usuario antes de poner el contenido a disposición.

- **Invocación** implícita: a diferencia del estilo basado en objetos en el que un componente invoca a otro directamente a través del paso de mensajes, la invocación implícita requiere que los componentes interesados en recibir o divulgar eventos se registren para recibir o enviar. Un ejemplo de un sistema que emplea mensajes son las listas de noticias y foros que tienen nuevos componentes de registro de usuarios junto con el componente de autenticación. Tenga en cuenta que este tipo de sistema solo permite al usuario acceder al contenido si está autenticado y registrado correctamente.

- **Eventos:** es un estilo en el que los componentes pueden ser objetos o procesos, y la interfaz define los eventos de entrada y salida permitidos. Los conectores se implementan a través del enlace de procedimiento de eventos. Por lo tanto,, los eventos se registran junto con los eventos y los componentes interactúan entre sí mediante el envío de eventos. Por lo tanto, cuando se recibe un evento, se invoca el procedimiento asociado a ese evento. Un ejemplo interesante de este estilo son los juegos en línea, como se describe en la siguiente sección.

- **Blackboard:** este estilo hace uso de un repositorio de datos central rodeado por un conjunto de componentes de información (o celdas). Estos componentes contienen información necesaria para solucionar problemas. Los datos de solución de problemas se guardan en la base de datos compartida (el repositorio), que se denomina pizarra. El ejemplo más común de este estilo es un sistema experto.

- **Combinación de estilos** - Otros sistemas, en la práctica, combinan estilos arquitectónicos que dan como resultado heterogeneidad.

Ejemplificando la combinación de estilos objetos y capas

Los juegos en línea y de ordenador se han convertido en algo común con la popularidad de Internet. Los juegos se clasifican generalmente en:

- Basado en turnos: Se trata de juegos en los que cada acción se basa en el turno del jugador como un juego de tic-tac-toe.

- Basado en eventos: Estos son juegos donde los eventos pueden ocurrir en cualquier momento, y dictan el ritmo del juego. Algunos ejemplos son los simuladores de vuelo y las carreras de coches.

Por ejemplo, cuando los juegos están disponibles en Internet, se conocen comúnmente como juegos en línea o juegos de Internet, lo que permite al usuario jugar contra la máquina (ordenador). Un ejemplo de este tipo de juego de ordenador es Connect4, que, tiene como objetivo que cada jugador conecte cuatro fichas del mismo color, vertical, horizontal, o diagonalmente.

Cada jugador debe colocar una pieza en la parte superior de la columna seleccionada, como se muestra en la siguiente figura, y cae hasta que llena la columna inferior de la columna seleccionada. Tenga en cuenta que el tablero contiene siete columnas y seis filas, un indicador, de estado del juego y un selector manual (utilizado para seleccionar la columna en la que se colocará una pieza).

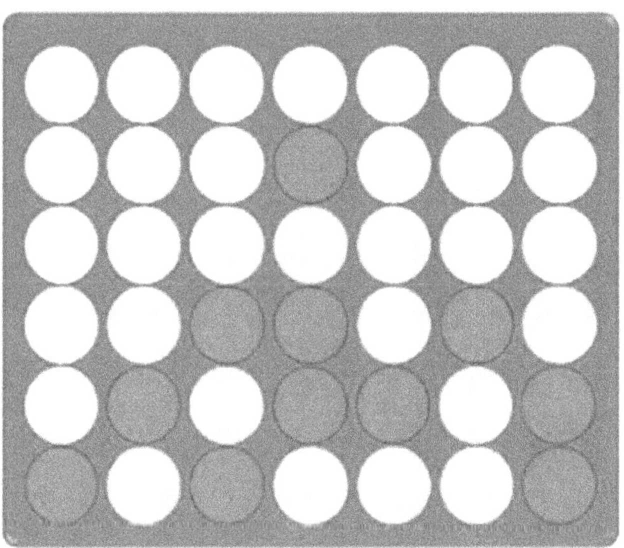

Juego Connect4.

La arquitectura de software de esta aplicación se presenta en la figura siguiente. El componente de jugador computacional (que tiene capacidades de inteligencia artificial para simular a un jugador humano) contiene una clase Connect4State que maneja la mayoría de las solicitudes para comprobar si un jugador ha ganado el juego, y también tiene un mecanismo para actualizar el estado del juego después del movimiento de un jugador computacional.

El componente de inferencia (máquina) contiene una clase para manejar los movimientos del jugador, así como determinar el mejor movimiento para el jugador computacional.

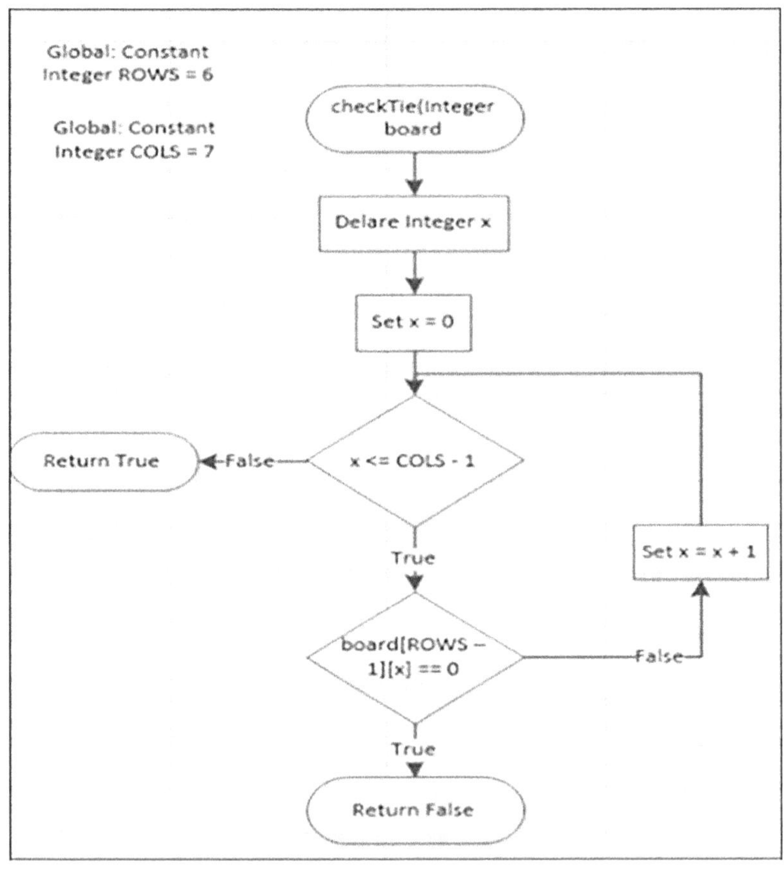

Arquitectura Connect4.

El componente de interfaz de usuario contiene una clase que carga los archivos de imagen y audio, controla las solicitudes realizadas a través del ratón e invoca un método que comprueba la victoria, la derrota o un empate y actualiza la interfaz gráfica. Un posible estado final de este juego se muestra en la siguiente figura, en la que la tercera fila, hay un conjunto de cuatro piezas en color azul, lo que indica que el equipo completó por primera vez la conexión de cuatro piezas en el mismo color (el color del usuario humano es rojo).

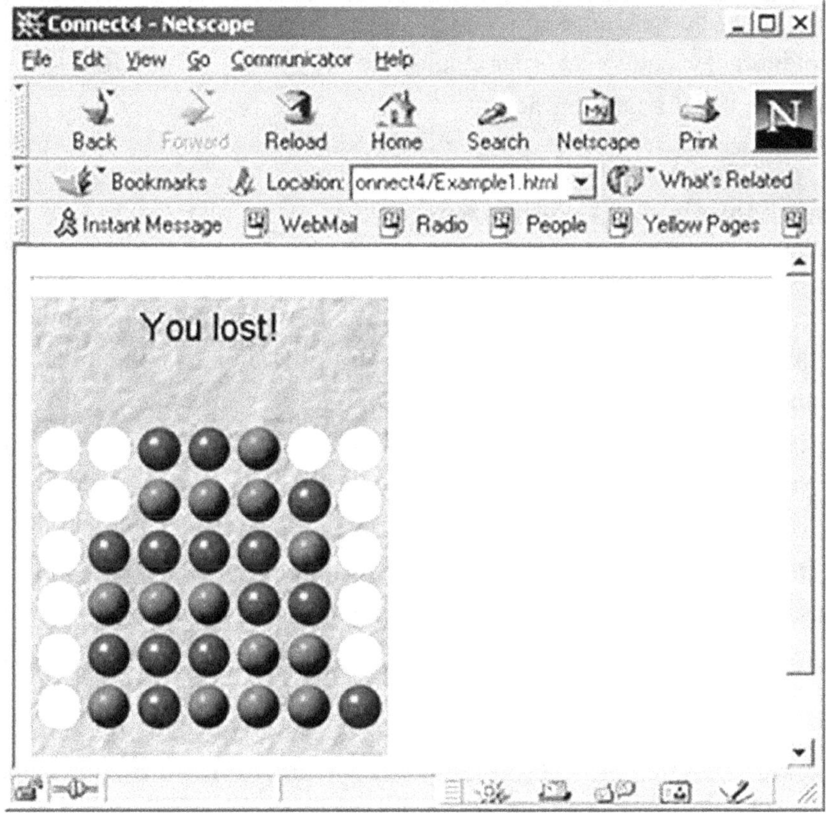

El estado final posible del juego Connect4.

La combinación de estilo arquitectónico orientado a eventos y objetos-permite la descomposición de un sistema en términos de objetos (componentes de inferencia, componente, de interfaz gráfica y componente de reproductor computacional) que son más independientes y permiten el cálculo y las actividades de coordinación (evento), se realizan por separado. También existe la facilidad de reutilización y mantenimiento, ya que se pueden agregar fácilmente nuevos objetos. Esta característica, y las interfaces bien definidas, facilitan aún más la integración.

El mecanismo de invocación no es determinista(es decir. , se produce al azar) ya que considera la recepción de eventos. Además, los componentes conservan sus datos de cualquier modificación accidental, ya que esta información se encapsula en objetos, lo que también facilita la integración.

Importancia de la reutilización

Es importante entender por todo lo que se ha presentado y discutido que un modelo arquitectónico admite la reutilización de muchas maneras. Por ejemplo, puede tener arquitecturas reutilizables que proporcionen el modelo de organización y coordinación, lo que permite que se usen en varios sistemas. Además, los componentes probados se pueden reutilizar en más de un sistema. De todo esto, lo más importante es la reutilización del conocimiento que tiene un impacto directo en la definición de la arquitectura de software que es un candidato para resolver un problema (o sistema).

La amplia variedad de plataformas y utilidades, junto con la presión del mercado para reducir los tiempos de entrega de productos de software y aumentar la productividad, hacen que la reutilización sea una de las claves del éxito para las empresas.

La reutilización de artefactos (o componentes) es posible cuando el diseño arquitectónico está incrustado y guía el proceso de desarrollo de software. Esto, como se ha explicado, permite prever los atributos de calidad que admite el sistema y también administrar la programación de ejecución del proyecto. Por lo tanto, impactando positivamente en la reutilización y la economía del sistema.

La tabla presentada a continuación resume las principales características de la arquitectura de software y los puntos importantes en la formación y el reciclaje de ingenieros y arquitectos de software.

Características de la arquitectura de software	Uso práctico de la arquitectura de software
Es un artefacto reutilizable.	Cómo un arquitecto de software puede organizar el diseño y el código de un sistema
Tiene mecanismos de interconexión	Cómo un arquitecto evalúa e implementa arquitecturas de software en sistemas
Proporciona vocabulario del proyecto y separa la funcionalidad	Cómo actúa un arquitecto de software en el proceso de desarrollo de software
Vincula el diseño a los atributos de calidad	Cómo un arquitecto evalúa la calidad del código en función de las métricas del producto
Admite el desarrollo de líneas de productos y basadas en componentes (cuando se tienen en cuenta los requisitos para una familia de sistemas)	Utilizar la arquitectura como parámetro para reducir los costes de mantenimiento y amortizar los costes de desarrollo

Características y uso práctico de la arquitectura de software.

Aunque la arquitectura de software es un tema relevante en el contexto actual para el desarrollo de sistemas de software que se centra en la reutilización-y, por lo tanto, considera tanto la economía como la productividad, su incorporación a los procesos de desarrollo de software se ha observado sólo en empresas de gran tamaño y pocos medios.

Sin embargo, este escenario está empezando a cambiar, dada la creciente necesidad de integración de sistemas, que se basa en la arquitectura de software. Por lo tanto, el factor económico ha sido y será el determinante de la supervivencia de las empresas de software. Las nuevas estrategias de desarrollo de sistemas deben ser para la reutilización y reutilización (de componentes de software),, y el pilar principal de estas estrategias es la arquitectura de software. Por lo tanto, existe una necesidad apremiante de formación de capital humano con tales cualificaciones.

Capítulo 4

Principios en el
Software de Arquitectura Limpia

El principio de responsabilidad exclusiva es el primero de los cinco que componen SOLID. Si no había oído hablar de ello hasta ahora, las reglas de SOLID son el ABC de cualquier desarrollador experto. Son un conjunto de principios que, aplicados correctamente, le ayudarán a escribir software de calidad en cualquier lenguaje de programación orientado a objetos. Gracias a ellos, creará código que será más fácil de leer, probar y mantener.

Los principios en los que se basa SOLID son los siguientes:

1. Principio de Responsabilidad Exclusiva

2. Principio abierto/cerrado

3. Principio de sustitución de Liskov

4. Principio de Segregación de Interfaces

5. Principio de inversión de dependencia

Estos principios son la base de mucha literatura que encontrará en torno al desarrollo de software. cualquier arquitectura confía en ellos para proporcionar flexibilidad, las pruebas deben confiar en ellas para validar partes de código de forma independiente y los procesos de refactorización serán mucho más fáciles si se cumplen estas reglas. Así que es muy conveniente que asimiles bien estos conceptos.

Fueron publicados por primera vez por Robert C. Martin, también conocido como Tio Bob, en su libro Agile Software Development: Principios, patrones y Practicas. Una persona a la que te recomiendo que sigas y eches un vistazo a su blog de vez en cuando.

Principio de Responsabilidad Exclusiva

El principio de Responsabilidad Exclusiva nos dice que un objeto debe realizar una sola cosa. Es muy común si no prestamos atención a esto, que terminamos teniendo clases que tienen varias responsabilidades lógicas al mismo tiempo.

Cómo Detectar una violación del Principio de Responsabilidad Soley

La respuesta a esta pregunta es bastante subjetiva. Sin obsesionarnos con ella, podemos detectar situaciones en las que una clase podría dividirse en varias:

- **Dos capas de arquitectura están involucradas en la misma clase:** puede ser difícil de ver sin experiencia previa. En cada arquitectura, por simple que sea, debe haber una capa de presentación, una de lógica de negocios, y otra de persistencia. Si mezclamos las responsabilidades de dos capas en la misma clase, será una buena indicación.

- **El número de métodos públicos:** si una clase hace muchas cosas, es probable que tenga muchos métodos públicos y que tengan poco que ver entre sí. Detecte cómo puede agruparlos para separarlos en diferentes clases. Algunos de los siguientes puntos pueden ayudarle.

- **Los métodos que utilizan cada uno de los campos de esa clase:** si tenemos dos campos, y uno de ellos se utiliza en algunos métodos y otro en algunos otros, esto puede estar indicando que cada campo con sus métodos correspondientes podría formar una clase independiente. Normalmente esto será más difuso,, y habrá métodos en común porque seguramente esas dos nuevas clases tendrán que interactuar entre sí.

- **Para el número de importaciones:** Si necesitamos importar demasiadas clases para hacer nuestro trabajo, es posible que estemos haciendo un trabajo adicional. También ayuda a ver a qué paquetes pertenecen estas importaciones. Si vemos que se agrupan fácilmente, puede estar diciéndonos que estamos haciendo cosas muy diferentes.

- **Es difícil para nosotros probar la clase: si no somos capaces de** escribir pruebas unitarias en ella, o no alcanzamos el grado de granularidad que nos gustaría, es hora de considerar dividir la clase en dos.

- **Cada vez que escribe una nueva característica, esa clase se ve afectada:** si una clase se modifica a menudo, es porque está involucrada en demasiadas cosas.

- **Para el número de líneas:** a veces es tan simple como eso. Si una clase es demasiado grande, intente dividirla en clases más manejables.

En general, no hay reglas de oro para estar 100% seguro. La práctica le permitirá ver cuando se recomienda que un determinado código se mueva a otra clase, pero estas pistas le ayudarán a detectar algunos casos en los que tiene dudas.

Ejemplo

Un ejemplo típico es el de un objeto que debe representarse de alguna manera, por ejemplo, imprimiendo en la pantalla. Podríamos tener una clase como esta:

```
Clase pública Vehículo ?
public int getWheelCount ( ) ?
devolución 4 ;
}
public int getMaxSpeed ( ) ?
devolución 200 ;
}
@Override public String toString ( ) ?
devolver "wheelCount " + getWheelCount ( ) + ", maxSpeed? +
getMaxSpeed ( ) ;
}
impresión pública de anulación ( ) ?
Sistema. fuera . println ( toString ( ) ) ;
}
}
```

Aunque,, a primera vista,, puede parecer una clase muy razonable, podemos detectar inmediatamente que estamos mezclando dos conceptos muy diferentes: lógica de negocios y lógica de presentación. Este código puede darnos problemas en muchas situaciones diferentes:

- En el caso de que queramos presentar el resultado diferente y, necesitamos cambiar una clase que especifique la forma de los datos. En este momento,, estamos imprimiendo en pantalla, pero imagine que necesita ser renderizado en HTML. Tanto la estructura (seguramente desea que la función devuelva el HTML), como la implementación cambiaría por completo.

- Si queremos mostrar los mismos datos de dos maneras diferentes, no tenemos la opción si solo tenemos un método print().

- Para probar esta clase, no podemos hacerlo sin los efectos secundarios de la impresión por parte de la consola.

Hay casos como este que se ven muy claros, pero muchas veces los detalles serán más sutiles, y probablemente no los detectarán al principio. No tenga miedo de refactorizar lo que se necesita para adaptarse a lo que necesita.

Una solución muy simple sería crear una clase que sea responsable de la impresión:

```
clase pública VehiclePrinter ?
impresión pública de vacío (vehículo ) ?
Sistema. fuera . println ( vehicle. toString ( ) ) ;
}
}
```

Si necesita diferentes variaciones para presentar la misma clase de forma diferente (por ejemplo, texto sin formato y HTML), siempre puede crear una interfaz y crear implementaciones específicas. Pero ese es un tema diferente.

Otro ejemplo que podemos encontrar a menudo es el de los objetos a
los que añadimos el método save(). Una vez más, la capa lógica y la
capa de persistencia deben permanecer separadas. Seguramente
hablaremos mucho sobre esto en futuros libros.

El Principio de Responsabilidad Única es una herramienta
indispensable para proteger nuestro código contra los cambios, ya
que implica que sólo debe haber una razón para modificar una clase.

En la práctica, muchas veces, encontraremos que estos límites
tendrán más que ver con lo que realmente necesitamos que con
complicadas técnicas de disección. Su código le dará pistas a medida
que el software evoluciona.

¿Crees que puedes aplicarlo a partir de ahora en tus tareas diarias?

En la siguiente sección de este capítulo, hablaré sobre el Principio
Abierto/Cerrado, el segundo de los principios SOLID.

Principio abierto/cerrado

Después de haber examinado el primer principio, el principio de
responsabilidad exclusiva, es el momento de hablar sobre el
principio abierto / Cerrado ,el segundo en la lista SOLID:

- Principio de Responsabilidad Exclusiva

- Principio abierto/cerrado

- Principio de sustitución de Liskov

- Principio de Segregación de Interfaces

- Principio de inversión de dependencia

Principio abierto/cerrado

Bertrand Mayer nombró por primera vez el principio Open /Closed, un programador francés, que lo incluyó en su libro Object-Oriented Software Construction en 1988.

Este principio nos dice que una entidad de software debe estar abierta a la extensión, pero cerrada a la modificación. ¿Qué significa esto? Que tenemos que ser capaces de extender el comportamiento de nuestras clases sin modificar su código. Esto nos ayuda a seguir agregando funcionalidad con la seguridad de que no afectará al código existente. Las nuevas funcionalidades implicarán agregar nuevas clases y métodos, pero en general, no debería implicar modificar lo que ya se ha escrito.

La forma de llegar está estrechamente relacionada con el punto anterior. Si las clases solo tienen una responsabilidad, podemos agregar nuevas características que no les afecten. Esto no significa que el cumplimiento del primer principio cumpla automáticamente con el segundo, o viceversa. A continuación, verá un caso claro en el ejemplo.

El principio Abierto/Cerrado generalmente se resuelve utilizando el polimorfismo. En lugar de forzar a la clase principal a saber cómo operar, delega esto a los objetos que utiliza, por lo que no necesita saber cómo llevarlo a cabo explícitamente. Estos objetos tendrán una interfaz común que implementarán específicamente de acuerdo con sus requisitos.

Cómo Detectar la violacion del principio Open / Closed

Una de las formas más fáciles de detectarlo es darse cuenta de qué clases modificamos con más frecuencia. Si cada vez que hay un nuevo requisito o una modificación de los existentes, las mismas clases se ven afectadas, podemos comenzar a entender que estamos violando este principio.

Ejemplo

Siguiendo nuestro ejemplo de vehículos, es posible que necesitemos dibujarlos en la pantalla. Imagina que tenemos una clase con un método que dibuja un vehículo en la pantalla. Por supuesto, cada vehículo tiene su propia forma de ser pintado. Nuestro vehículo tiene la siguiente forma:

```
Clase pública Vehículo ?
public VehicleType getType ( ) ?
...
}
...
}
```

Es básicamente una clase que especifica su tipo a través de una enumeración. Podemos tener, por ejemplo,, una enumeración con un par de tipos:

```
enum público Tipo de vehículo ?
Coche
Moto
}
```

Y este es el método de la clase que se encarga de pintarlos:

```
empate nulo público (vehículo de vehículo)
interruptor ( vehículo. getType ( ) ) ) )
caso CAR:
drawCar ( vehículo );
descanso;
```

Caja MOTO :

drawMotorbike (vehículo);

descanso;

}

}

Si bien no necesitamos dibujar más tipos de vehículos o ver que este interruptor se repite en varias partes de nuestro código, en mi opinión, no debería sentir la necesidad de modificarlo. Incluso el hecho de que cambies la forma de dibujar un coche o una motocicleta se encapsularía en tus propios métodos y no afectaría al resto del código.

Pero puede llegar el punto en el que necesitamos dibujar un nuevo tipo de vehículo, y luego otro. Esto implica crear una nueva enumeración, un nuevo caso y un nuevo método para implementar el dibujo. En este caso,, sería una buena idea aplicar el principio Abierto/Cerrado.

Si lo resolvemos por herencia y polimorfismo, el paso obvio es reemplazar lo que se enumera con clases reales, y que cada clase sabe pintar:

clase abstracta pública Vehículo ?

...

sorteo del vacío abstracto público ( ) ;

}

clase pública El coche extiende el vehículo ?

@Override empate de anulación pública ( ) ?

Dibuja el coche

}

}

la moto de clase pública extiende el vehículo

@Override empate de anulación pública ( ) ?

Dibuja la moto

}

}

Ahora nuestro método anterior se reduce a:

empate nulo público (vehículo de vehículo)

Vehículo. dibujar ( ) ;

}

Añadir nuevos vehículos es ahora tan simple como crear la clase correspondiente que se extiende desde el Vehículo:

Camión de clase pública extiende el vehículo

@Override empate de anulación pública ( ) ?

Dibuja el camión

}

}

Como pueden ver, este ejemplo choca directamente con el que vimos en el Principio de Responsabilidad Única. Esta clase guarda la información del objeto y cómo pintarla. ¿Eso implica que es incorrecto? No necesariamente. tendremos que ver si el método de dibujar nuestros objetos afecta negativamente a la capacidad de mantenimiento y la capacidad de prueba del código. En ese caso,, tendríamos que buscar alternativas.

Aunque no voy a presentarlo aquí, una alternativa para cumplir ambos sería aplicar este polimorfismo a clases que sólo tienen un método de pintura y que reciben el objeto a pintar por el constructor. Por lo tanto, tendríamos un CarDrawer responsable de pintar coches, o un Motorbike {Drawer que dibuja motocicletas, todos ellos implementando draw(), que se definiría en una clase o interfaz padre.

Cuando añadir la complejidad al principio?

Hay que decir que añadir esta complejidad no siempre compensa, y al igual que el resto de los principios, sólo será aplicable si es realmente necesario. Si tiene una parte del código que es propensa a cambiar, considere la posibilidad de hacerlo para que un nuevo cambio afecte lo menos posible en el código existente. Normalmente esto no es fácil de conocer a priori, por lo que puede preocuparse por ello cuando tenga que modificarlo y realizar los cambios necesarios para cumplir con este principio en ese momento.

Tratar de hacer un código 100% abierto / cerrado es prácticamente imposible, y puede hacer que sea ilegible y aún más difícil de mantener. No me cansaré de repetir que las reglas DE SOLID son ideas muy poderosas, pero debemos aplicarlas cuando sea apropiado y sin obsesionarnos a cumplirlas en cada punto de desarrollo. Casi siempre es más fácil usarlos cuando surge la necesidad real.

El principio Abierto/Cerrado es una herramienta indispensable para protegernos contra cambios en módulos o partes de código en las que estas modificaciones son frecuentes. Tener el código cerrado a la modificación y abierto a la extensión nos da la máxima flexibilidad con un impacto mínimo.

¿Conocía este principio? ¿En qué situaciones le ha parecido útil?

La siguiente sección tratará el Principio de Sustitución de Liskov, el tercero de los 5 principios SOLID.

Ya has leído el principio Abierto/Cerrado, y ahora vamos a hablar sobre el principio de reemplazo de **Liskov:**:

- Principio de Responsabilidad Exclusiva

- Principio abierto/cerrado

- Principio de sustitución de Liskov

- Principio de Segregación de Interfaces

- Principio de inversión de dependencia

Principio de sustitución de Liskov

El principio de sustitución de Liskov nos dice que si en algún lugar de nuestro código, estamos usando una clase, y esta clase se extiende, debemos ser capaces de utilizar cualquiera de las clases hijas y que el programa sigue siendo válido. Esto nos obliga a asegurarnos de que cuando prorrogamos una clase,, no estamos alterando el comportamiento del padre.

Este principio viene a refutar la idea preconcebida de que las clases son una forma directa de modelar la realidad. Este no siempre es el caso, y el ejemplo más típico es el de un rectángulo y un cuadrado. Pronto veremos por qué.

La primera en hablar de él fue Barbara Liskov (de ahí el nombre), una reconocida ingeniera de software estadounidense.

Cómo detectar la violación del principio de sustitución de Liskov

Seguramente se ha encontrado con esta situación muchas veces: se crea una clase que se extiende desde otra, pero de repente uno de los métodos se salte, y no sabe qué hacer con ella. Las opciones más rápidas son dejarlo vacío o producir una excepción cuando se usa, asegurándose de que nadie llama incorrectamente a un método que no se puede usar. Si un método sobrescrito no hace nada o produce una excepción, es probable que esté violando el principio de sustitución de Liskov. Si el código usaba un método que para algunas concreciones ahora produce una excepción, ¿cómo puede estar seguro de que todo sigue funcionando?

Otra herramienta que te hará saber fácilmente las pruebas. Si las pruebas de la clase primaria no funcionan para la hija, también estará violando este principio. Con este segundo caso, veremos el ejemplo.

Ejemplo

En la vida real, tenemos claro que un cuadrado es un rectángulo con dos lados iguales. Si tratamos de modelar un cuadrado como una concreción de un rectángulo, tendremos problemas con este principio:

```
clase pública Rectángulo ?

ancho int privado;
altura int privada;
public int getWidth ( ) ?
anchura de retorno;
}
public void setWidth ( int width ) ?
éste. anchura á anchura;
}
public int getHeight ( ) ?
altura de retorno;
}
```

```
vacío público setHeight ( int height ) ?
éste. Altura - altura;
}
public int calculateArea ( ) ?
anchura de retorno * altura;
}
}
```

Y una prueba que comprueba el área:

```
@Test
prueba pública de vacíoArea ( ) ?
Rectángulo r á nuevo Rectángulo ( ) ;
r. setWidth ( 5 ) ;
r. setHeight ( 4 ) ;
assertEquals ( 20 , r. calculateArea ( ) ) ;
}
```

La definición del cuadrado sería la siguiente:

```
la clase pública Square extiende Rectangle ?
@Override public void setWidth ( int width ) ?
fenomenal. setWidth ( width ) ;
fenomenal. setHeight ( width );
}
@Override public void setHeight ( int height )
fenomenal. setHeight ( height ) ;
fenomenal. setWidth ( height ) ;
}
}
```

Inténte ahora en la prueba cambiar el rectángulo a un cuadrado. ¿Qué va a pasar? Esta prueba no se cumple; el resultado sería 16 en lugar de 20. Por lo tanto,, estamos violando el principio de sustitución de Liskov. ,

¿Cómo podemos resolverlo?

Varias posibilidades dependen del caso en el que nos encontremos. Lo más común será expandir esta jerarquía de clases. Podemos extraer a otra clase de padres las características comunes y hacer que el antiguo padre de la clase y su hija hereden de ella. Al final, lo más probable es que la clase tenga tan poco código que termine teniendo una interfaz simple. Esto no es un problema en absoluto:

```
<
pre-clase »»>
interfaz pública IRectangle ?
int getWidth ( ) ;
int getHeight ( ) ;
int calculateArea ( ) ;
}
la clase pública Rectangle implementa IRectangle ?
...
}
la clase pública Square implementa IRectangle
...
}
```

Pero para este caso en particular, encontramos una solución mucho más simple. La razón por la que no es cierto que un cuadrado es un rectángulo es que estamos dando la opción de modificar el ancho y alto después de la creación del objeto. Podemos resolver esta situación simplemente usando la inmutabilidad.

La inmutabilidad es un tema muy interesante que discutiré más adelante en otro libro de esta serie. Consiste en que una vez que se ha creado un objeto, el estado del objeto no se puede modificar de nuevo. La inmutabilidad tiene varias ventajas, incluido un mejor uso de la memoria (todo su estado es definitivo) o la seguridad en varios subprocesos. Pero siguiendo el ejemplo, ¿cómo nos ayuda la inmutabilidad aquí? Por lo tanto:

```
clase pública Rectángulo ?
ancho final público int;
altura final pública int;
Rectángulo público ( anchura int, altura int )
éste. anchura á anchura;
éste. Altura - altura;
}
}
la clase pública Square extiende Rectangle ?
Plaza pública ( lado int )
super ( lado, lado ) ;
}
}
```

Desde el momento de la creación de instancias del objeto, todo lo que hagamos con él será válido, ya sea que usemos un rectángulo o un cuadrado. El problema detrás de este ejemplo es que la asignación de una parte del estado modificó mágicamente otro campo.

Sin embargo, con este nuevo enfoque, al no permitir modificaciones, el funcionamiento de ambas clases es completamente predecible.

El principio de Liskov nos ayuda a utilizar la herencia correctamente y a ser mucho más cuidadosos al extender las clases. En la práctica, nos ahorrará muchos errores derivados de nuestro afán por modelar lo que vemos en la vida real en las clases siguiendo la misma lógica. No siempre hay un modelado exacto, por lo que este principio nos ayudará a descubrir la mejor manera de hacerlo.

La cuarta sección de este capítulo tratará el principio de segregación de la **interfaz.** ¿Qué piensas hasta ahora? ¿Cree que tiene sentido aplicar estos principios en su desarrollo diario?

Principio de Segregación de Interfaces

Ya estamos terminando la revisión de los principios DE SOLID. Después de ver el Principio de Sustitución de Liskov, hoy entramos plenamente en el Principio de segregación de la interfaz.

- Principio de Responsabilidad Exclusiva

- Principio abierto/cerrado

- Principio de sustitución de Liskov

- Principio de Segregación de Interfaces

- Principio de inversión de dependencia

Principio de agregación de Interface

El principio de segregación de interfaz viene a decir que ninguna clase debe depender de métodos que no utiliza. Por lo tanto, cuando creamos interfaces que definen comportamientos, es importante

asegurarse de que todas las clases que implementan esas interfaces
necesitarán y podrán agregar comportamientos a todos los métodos.
De lo contrario, es mejor tener varias interfaces más pequeñas.

Las interfaces nos ayudan a desacoplar módulos entre sí. Esto se
debe a que si tenemos una interfaz que explica el comportamiento
que el módulo espera comunicarse con otros módulos, siempre
podemos crear una clase que la implemente para que cumpla las
condiciones. El módulo que describe la interfaz no tiene que saber
nada sobre nuestro código y, sin embargo, podemos trabajar con él
sin problemas.

El problema

El problema surge cuando esas interfaces intentan definir más cosas
de las que deberían, lo que se llaman interfaces grasas.
Probablemente sucederá que las clases hijas terminen sin usar
muchos de estos métodos, y tendrán que ser implementadas. Es muy
común lanzar una excepción, o simplemente no hacer nada.

Pero, como vimos en algunos ejemplos en el principio de sustitución
de Liskov, esto es peligroso. Si lanzamos una excepción, es más que
probable que el módulo que define esa interfaz usará el método en
algún momento, y esto hará que nuestro programa falle. El resto de
las implementaciones "predeterminadas" que podemos dar pueden
generar efectos secundarios que no esperamos, y a los que sólo
podemos responder conociendo el código fuente del módulo en
cuestión, que no nos interes

Cómo Detectar una violación en el principio de segregación
de Interfaces

Como he comentado en los párrafos anteriores, si al implementar
una interfaz, ve que uno o más de los métodos no tienen sentido y

necesita dejarlos vacíos o lanzar excepciones, es probable que esté violando este principio. Si la interfaz forma parte del código, divídala en varias interfaces que definan comportamientos más específicos.

Recuerde que no sucede nada porque una clase ahora necesita implementar varias interfaces. El punto importante es que usted utiliza todos los métodos definidos por esas interfaces.

Ejemplo

Imagina que tienes una tienda de CD de música y que has modelado tus productos de esta manera:

```
interfaz pública Producto
{
String getName ( ) ;
int getStock ( ) ;
int getNumberOfDisks ( ) ;
Fecha getReleaseDate ( ) ;
}
CD de clase pública implementa Producto ?
...
}
```

El producto tiene algunas propiedades que nuestra clase de CD de alguna manera sobrescribirá. Pero ahora ha decidido expandir el mercado, y empezar a vender DVDs también. El problema es que para DVDs,, también es necesario almacenar la clasificación por edad porque tienes que asegurarte de no vender películas que no sean adecuadas según la edad del cliente. Lo más directo sería añadir la nueva propiedad a la interfaz::

```
interfaz pública Producto
```

```
{
...
int getRecommendedAge ( ) ;
}
```

¿Qué pasa ahora con los CDs? Se ven obligados a implementar getRecommendedAge(), pero no sabrán qué hacer con él, por lo que producirán una excepción:

```
CD de clase pública implementa Producto ?
...
@Override
público int getRecommendedAge ( )
{
lanzar nuevo UnsupportedOperationException ( ) ;
}
}
```

Con todos los problemas asociados que hemos visto antes. Además, se forma una dependencia muy fea, en la que cada vez que añadimos algo al Producto, nos vemos obligados a modificar CD con cosas que no necesita. Podríamos hacer algo como esto:

```
interfaz pública DVD extiende el producto
int getRecommendedAge ( ) ;
}
```

Y que nuestras clases se extiendan desde aquí. Esto resolvería el problema a corto plazo, pero algunas cosas pueden continuar sin funcionar demasiado bien. Por ejemplo, si otro productor necesita categorización por edad, necesitaremos repetir parte de esta interfaz. Además, esto no nos permitiría llevar a cabo operaciones comunes a los productos que tienen esta característica. La alternativa es segregar las interfaces y para que cada clase utilice lo que necesita. Por lo tanto, tendríamos una nueva interfaz:

```
interfaz pública AgeAware ?
int getRecommendedAge ( ) ;
}
```

Y ahora nuestra clase de DVD implementará las dos interfaces:

```
CD de clase pública implementa Producto ?
...
}
DVD de clase pública implementa Producto, AgeAware
...
}
```

La ventaja de esta solución es que ahora podemos tener código AgeAware, y todas las clases que implementan esta interfaz podrían participar en código común. Imagine que no vende solo productos, sino también actividades que necesitarían una interfaz diferente. Estas actividades también podrían implementar la interfaz AgeAware, y podríamos tener código como el siguiente, independientemente del tipo de producto o servicio que vendamos:

```
public void checkUserCanBuy ( Usuario del usuario, AgeAware
ageAware )
usuario de devolución. getAge ( ) > á ageAware.
getRecommendedAge ( ) ;
}
```

¿Qué hacer con Old Code?

Si ya tiene código que utiliza interfaces de grasa, la solución puede ser usar el patrón de diseño "Adapter". El patrón De adaptador nos

permite convertir algunas interfaces en otras, por lo que puede
utilizar adaptadores que convierten la interfaz antigua en nuevas.
Hablaré sobre los patrones de diseño en profundidad más adelante.

El principio de segregación de interfaz nos ayuda a no forzar a
ninguna clase a implementar métodos que no utiliza. Esto evitará
problemas que pueden dar lugar a errores inesperados y
dependencias no deseadas. También nos ayuda a reutilizar el código
de forma más inteligente.

En la siguiente sección, finalmente terminamos con las reglas de
SOLID, hablando de uno de los principios más interesantes: el
Principio de **inversión** de dependencia.

Principio de inversión de dependencia

Si estaba interesado en el principio de segregación de interfaz, el
último de los principios de SOLID es el **principio de inversión de
dependencia**; es probablemente el que cambia la forma en que
programa más una vez que comienza a aplicarlo.

- Principio de Responsabilidad Exclusiva

- Principio abierto/cerrado

- Principio de sustitución de Liskov

- Principio de Segregación de Interfaces

- Principio de inversión de dependencia

Principio de inversión de dependencia

Este principio es una técnica básica y será el más presente en su día
a día si desea hacer que su código sea comprobable y mantenible.

Gracias al principio de inversión de dependencia, podemos hacer que el código que es el núcleo de nuestra aplicación no dependa de los detalles de implementación, como el marco que utilice, la base de datos, cómo se conecta a su servidor. Todos estos aspectos se especificarán a través de interfaces, y el núcleo no tendrá que saber cuál es la implementación real para trabajar.

La definición que generalmente se da es:

- Las clases de alto nivel no deben depender de clases de bajo nivel. Ambos deben depender de abstracciones.

- Las abstracciones no deben depender de los detalles. Los detalles deben depender de las abstracciones.

Pero entiendo que sólo con esto no tiene muy claro de qué estamos hablando, así que voy a explicar el problema un poco, cómo detectarlo y un ejemplo.

El Problema

En la programación vista desde el modo tradicional, cuando un módulo depende de otro módulo, se crea una nueva instancia y se utiliza sin más complicaciones. Esta forma de hacer las cosas, que a primera vista parece la más simple y natural, nos traerá muchos problemas más tarde, incluyendo:

- **La parte más genérica de nuestro código (lo que llamaríamos el dominio o la lógica empresarial) dependerá en todas partes de los detalles de implementación.** Esto no es bueno, porque no podremos reutilizarlo, ya que se acoplará al marco de cambio que utilizamos, a la forma en que tenemos que conservar los datos, etc. Si cambiamos algo de eso, también tendremos que rehacer la parte más importante de nuestro programa.

- **Las dependencias no son claras:** si las instancias se crean
  dentro del módulo que las utiliza, es mucho más difícil
  detectar de qué depende nuestro módulo y, por lo tanto, es
  más difícil predecir los efectos de un cambio en uno de esos
  módulos. También nos costará más ser claros si estamos
  violando algunos otros principios, como la responsabilidad
  exclusiva.

- **Es muy difícil hacer pruebas:** Si su clase depende de otras
  personas y no tiene forma de reemplazar el comportamiento
  de esas otras clases, no puede probarla de forma aislada. Si
  algo en las pruebas falla, no tendría forma de saber a primera
  vista qué clase es la culpable.

Cómo Detectar una violación del principio de la inversión de dependencia

Esto es muy fácil: cualquier creación de instancias de clases o
módulos complejos es una violación de este principio. Además, si
escribe pruebas, notará muy rápidamente, tan pronto como no pueda
probar esa clase fácilmente porque dependen del código de otra
clase.

Usted se preguntará entonces cómo va a hacer para dar a su módulo
todo lo que necesita para trabajar. Tendrá que utilizar algunas de las
alternativas que existen para proporcionar esas dependencias.
Aunque hay varios, los más utilizados son a través del constructor y
a través de establecedores (funciones que todo lo que hacen es
asignar un valor).

¿Y luego sigue siendo responsable de proporcionar las
dependencias? El más común es utilizar un inyector de dependencia:
un módulo que se encarga de crear instancias de los objetos que se

necesitan y pasarlos a las nuevas instancias de otros objetos. Puedes hacer una inyección muy simple a mano, o utilizar una de las muchas bibliotecas que existen si necesitamos algo más complejo.

Ejemplo

Imagine que tenemos un carrito de compras que lo que hace es almacenar la información y llamar al método de pago para ejecutar la operación. Nuestro código sería algo como esto:

```
Clase pública ShoppingCart ?
compra pública de vacío ( Compras )
SqlDatabase db á new SqlDatabase ( ) ;
Db. guardar ( compras ) ;

Tarjeta de crédito de crédito - nueva tarjeta de crédito ( ) ;
pago con tarjeta de crédito ( compras );
}
}
clase pública SqlDatabase ?
public void save ( Compras )
Guarda datos en la base de datos SQL
}
}
Tarjeta de crédito de clase pública ( public class CreditCard)
pago de la nulidad pública ( Compras )
Realiza el pago con tarjeta de crédito
}
}
```

Aquí estamos rompiendo todas las reglas que impusimos al principio. Una clase de nivel superior, como el carro-de la compra, depende de otras de nivel alto, como cuál es el mecanismo para almacenar información o para realizar el método de pago. Es responsable de crear instancias de esos objetos y luego usarlos.

Piense ahora qué sucede si desea agregar métodos de pago o envíe la información a un servidor en lugar de guardarla en una base de datos local. No hay manera de hacer todo esto sin desmontar toda la lógica. ¿Cómo lo resolvemos?

El primer paso, dejar de confiar en las concreciones. Vamos a crear interfaces que definan el comportamiento que una clase debe dar para funcionar como un mecanismo de persistencia o como un método de pago:

```
Persistencia de la interfaz pública ?
salvar el vacío ( Compras ) ;
}
la clase pública SqlDatabase implementa Persistente ?

@Override
public void save ( Compras )
Guarda datos en la base de datos SQL
}
}
interfaz pública Método de pago ?
pago nulo (compras);
}
La clase pública CreditCard implementa PaymentMethod ?

@Override
pago de la nulidad pública ( Compras )
```

Realiza el pago con tarjeta de crédito

}

}

¿Ves la diferencia? Ahora ya no dependemos de la implementación en particular que decidamos. Pero aún tenemos que seguir instándolo en ShoppingCart.

Nuestro segundo paso es invertir las dependencias. Vamos a hacer que estos objetos pasan por el constructor:

Clase pública ShoppingCart ?

persistencia de persistencia final privada;

privado final PaymentMethod paymentMethod;

Public ShoppingCart (Persistence persistence, PaymentMethod paymentMethod)

éste. persistencia: persistencia;

éste. paymentMethod - paymentMethod;

}

compra pública de vacío (Compras)

persistencia guardar (compras);

paymentMethod. pagar (compras) ;

}

}

¿Y si ahora queremos pagar por Paypal y guardarlo en el servidor? Definimos las concreciones específicas para este caso, y las pasamos por el constructor al carro de la compra:

clase pública Server implementa Persistence ?

@Override

public void save (Compras)

Guarda datos en un servidor

}

}

la clase pública Paypal implementa PaymentMethod ?

@Override

pago de la nulidad pública (Compras)

Realiza el pago con la cuenta paypal

}

}

Ya hemos logrado nuestro objetivo. Además, si queremos probar ahora ShoppingCart, podemos crear Test Doubles para dependencias, para que podamos probar la clase de forma aislada.

Como se puede ver, este mecanismo nos obliga a organizar nuestro código de una manera muy diferente a la que estamos acostumbrados y contrariamente a lo que la lógica dicta inicialmente. Aún así, a largo plazo, compensa la flexibilidad que da a la arquitectura de nuestra aplicación.

Y con esto, estoy terminando este capítulo sobre los principios SOLID.

Capítulo 5

Arquitectura de software limpio y requisitos no funcionales

La organización de la funcionalidad de software de un sistema se hace explícita a través de la arquitectura de software. Hay una gran cantidad de estilos arquitectónicos que aportan características peculiares a cada estilo, y estos, a su vez, se pueden combinar para crear nuevos estilos. La heterogeneidad de los estilos arquitectónicos es saludable. De hecho, esto se debe a la necesidad de que la arquitectura admita un conjunto de requisitos a veces contradictorios, incluidos los requisitos no funcionales, un tema que se aborda en este capítulo.

El diseño de arquitectura de software es un paso esencial en el desarrollo de sistemas de software grandes y complejos. En este contexto, la arquitectura de software es fundamental para el desarrollo de líneas de productos de software donde hay un conjunto de características diseñadas e implementadas desde la misma arquitectura base (software). Sin embargo, antes de la etapa de diseño de la arquitectura de software, es necesario examinar los requisitos del sistema.

En general, el conjunto de requisitos de un sistema se define durante las primeras etapas del proceso de desarrollo. Este conjunto de requisitos se considera una especificación de lo que debe implementarse. Los requisitos son descripciones de cómo debe comportarse el sistema y contienen información del dominio de aplicación y restricciones sobre el funcionamiento del sistema.

Durante la fase de recolección de requisitos, un diseñador de software o arquitecto utiliza su experiencia para reunir los requisitos, buscando identificar las características del sistema a desarrollar. Además, la información de dominio, junto con la información de estilo arquitectónico existente, se puede utilizar como fuentes de datos para ayudar a identificar los requisitos.

Otra característica que puede usar el diseñador es crear escenarios. Los escenarios de uso admiten requisitos específicos y abordan tanto el análisis de requisitos. Una vez obtenido el conjunto de requisitos, el diseñador/arquitecto de software podrá iniciar el proyecto de arquitectura de software, como se ilustra en la figura siguiente.

Este proceso de recopilación y análisis de requisitos, junto con el uso de escenarios, se utiliza para apoyar la definición de arquitectura de software, como se describe a lo largo del capítulo. Es importante tener en cuenta que el paso de diseño arquitectónico puede necesitar hacer uso de escenarios de uso o incluso un reanálisis para refinar la arquitectura que se va a emplear en el sistema que se va a desarrollar.

El proceso de desarrollo basado en la arquitectura considera la arquitectura de software como un factor de impulso del proceso. Esto implica colocar los requisitos no funcionales asociados con la arquitectura como aspectos clave del proceso de desarrollo. Tenga en cuenta que el desarrollo de un sistema de software centrado en la arquitectura comienza con un arquitecto de software que tiene un conjunto de requisitos del sistema. En este punto, buscamos identificar qué estilo o combinación de estos mejores soporta estos requisitos y, por lo tanto, derivamos una arquitectura de software que cumpla con las características del sistema a desarrollar. Cabe destacar que la complejidad de un sistema de software está determinada tanto por sus requisitos funcionales -lo que hace- como por los requisitos no funcionales- como por los que lo hace.

Requisito funcional

Un requisito del sistema de software que especifica una función que el sistema o componente debe poder realizar. Estos son requisitos de software que definen el comportamiento del sistema, es decir, el proceso ola transformación que los componentes de software o hardware realizan en las entradas para generar salidas. Estos requisitos capturan la funcionalidad desde el punto de vista del usuario.

Requisitos no funcionales

En la ingeniería de sistemas de software, un requisito de software no funcional es uno que describe no lo que el sistema va a hacer, sino cómo lo hará. Por lo tanto, por ejemplo, tiene requisitos de rendimiento, requisitos de interfaz de sistema externo, restricciones de diseño y atributos de calidad. La evaluación de los requisitos no funcionales se realiza, en parte, mediante pruebas, mientras que otra parte se evalúa subjetivamente.

Tenga en cuenta que los requisitos funcionales y no funcionales son importantes en el desarrollo de un sistema de software. Sin embargo, los requisitos no funcionales, también llamados atributos de calidad, juegan un papel relevante durante el desarrollo de un sistema, actuando como criterios en la selección y/o composición de la arquitectura de software, entre las diversas alternativas de diseño.

Cabe señalar que a medida que los sistemas se hacen más grandes y complejos, el soporte para requisitos no funcionales depende cada vez más de las decisiones tomadas en el diseño de arquitectura de software. Es una visión compartida por profesionales en el campo y específicamente por la comunidad de arquitectura de software.

Los requisitos no funcionales son aquellos que no están directamente relacionados con la funcionalidad de un sistema. El término requisitos no funcionales también se denomina atributos de calidad. Los requisitos no funcionales desempeñan un papel importante durante el desarrollo de un sistema y se pueden utilizar como criterios, de selección en la elección de alternativas de diseño, estilo arquitectónico e implementación. Ignorar o no considerar adecuadamente tales requisitos es costoso,, ya que hace difícil corregir una vez que se ha implementado el sistema. Supongamos, por ejemplo, que se ha tomado la decisión de modular la arquitectura de un sistema para facilitar el mantenimiento y la adición de nuevas funciones. Sin embargo, modular un sistema mediante la adición de una capa adicional puede comprometer otro requisito de rendimiento. Por lo tanto,

Los requisitos no funcionales abordan aspectos de calidad importantes de los sistemas de software. Si tales requisitos no se tienen en cuenta, entonces el sistema de software puede ser inconsistente y de mala calidad, como se discutió anteriormente. Para ello, cuanto antes se definan los criterios arquitectónicos, antes podrá identificar el estilo o la combinación de estilos más adecuados para el sistema considerado.

Al desarrollar un nuevo sistema de software, así como su arquitectura, los diseñadores o ingenieros de software presentan un conjunto de atributos de calidad o requisitos no funcionales que el sistema debe admitir. Ejemplos de estos requisitos son el rendimiento, la portabilidad, la capacidad de mantenimiento y la escalabilidad.

La arquitectura de software debe admitir estos requisitos. Esto resulta de la asociación entre la arquitectura de software y los requisitos no funcionales. Importante tener en cuenta que cada estilo arquitectónico (es decir, la forma en que se organiza el código del sistema) admite requisitos específicos no funcionales. La estructuración de un sistema es crucial para apoyar un requisito no funcional. Por ejemplo, el uso de capas le permite separar mejor la funcionalidad de un sistema, lo que lo hace más modular y más fácil de mantener.

Considere, por ejemplo, el estándar IEEE-Std 830-1993, [IEEE 1993], que enumera un conjunto de 13 requisitos no funcionales que se deben tener en cuenta en el documento de especificación de requisitos de software. Este estándar incluye, entre otros, el rendimiento, la fiabilidad, la portabilidad, y los requisitos de seguridad.

Aunque hay un conjunto de propuestas, consideradas complementarias, centraremos nuestra atención en un conjunto de requisitos que están directamente asociados con un sistema de software y específicamente con la arquitectura de software. Este conjunto se basa en una clasificación presentada por Sommerville, donde se hace una distinción entre los requisitos externos, de producto y de proceso [Sommerville 2007].

La siguiente figura es una adaptación de la propuesta de Sommerville, donde consideramos los requisitos del producto asociados con la arquitectura de software, y añadimos otros no presentes en la propuesta original de Sommerville. Es importante tener en cuenta que la Figura 2 muestra un subconjunto de requisitos no funcionales, denominados requisitos de producto, que están asociados con la arquitectura de un sistema de software. Tenga en cuenta que la clasificación presentada en [Sommerville 2007] todavía considera que los requisitos de proceso y los requisitos externos son requisitos no funcionales además de los requisitos del producto. La figura muestra un conjunto de 7 requisitos no funcionales, algunos de los cuales todavía están descompuestos.

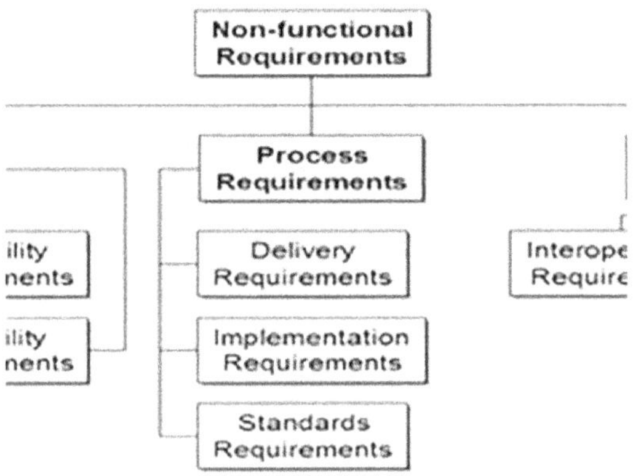

Funcionalidad

La funcionalidad es uno de los atributos de calidad o requisitos no funcionales de cualquier sistema interactivo, es decir, en el que se produce la interacción entre el sistema y los seres humanos. La noción de funcionalidad proviene del hecho de que cualquier sistema diseñado para que las personas lo usen debe ser fácil de aprender y de usar, por lo que es fácil y agradable realizar cualquier tarea.

Los requisitos de funcionalidad especifican el nivel de rendimiento y la satisfacción del usuario con el uso del sistema. Por lo tanto, la funcionalidad se puede expresar en términos de:

- Facilidad de aprendizaje: Asociado con el tiempo y el esfuerzo mínimo necesarios para lograr un cierto nivel de rendimiento de uso del sistema.

- Facilidad de uso: Relacionado con la velocidad de ejecución de la tarea y la reducción de errores en el uso del sistema.

Los requisitos de funcionalidad se recopilan junto con otros requisitos (datos y funcionales) utilizando algunos de los requisitos técnicas de ensayo como entrevistas u observación. La colección de estos datos puede producirse, por ejemplo, comprobando el registro de acciones del usuario al utilizar la funcionalidad del sistema.

Estos requisitos de funcionalidad se pueden expresar a través de métricas de funcionalidad expresadas en términos de medidas de rendimiento. Tyldesley presentó un conjunto de criterios que se pueden utilizar durante la medición de funcionalidad [Tyldesley 1988]. La selección de los criterios que se utilizarán para medir la funcionalidad depende del tipo de sistema. En la figura siguiente se presentan ejemplos de criterios de medición de funcionalidad.

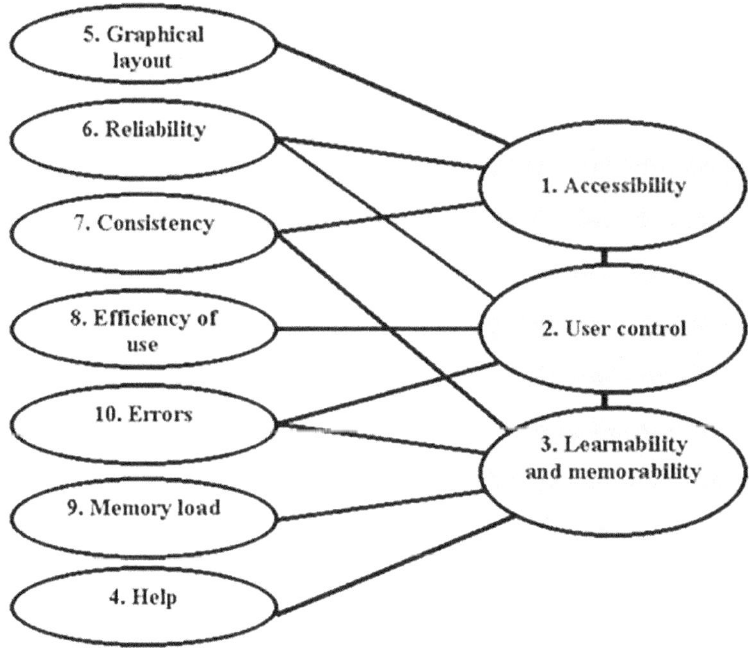

Definir objetivos de funcionalidad a través de métricas es parte del proceso llamado ingeniería de funcionalidad. En este proceso, también es necesario establecer los niveles deseados de funcionalidad. Si, por ejemplo, el usuario tiene dificultades para encontrar la funcionalidad deseada en el sistema y, en consecuencia, necesita recurrir para ayudar o expresar la insatisfacción, se tienen en cuenta dos de los criterios de la Figura 3. El número de veces que se observan estas ocurrencias es un indicador del soporte ofrecido para la funcionalidad por el sistema.

La funcionalidad es uno de los atributos de calidad de un sistema y se ha tenido cada vez más en cuenta durante el desarrollo de software. La facilidad de uso puede verse afectada por los componentes funcionales (o de aplicación) y de presentación de un sistema. Incluso si estos componentes están bien diseñados, la facilidad de uso todavía puede verse comprometida si la arquitectura del sistema no tiene en cuenta la facilidad de modificación.

Es importante añadir que la simple separación arquitectónica entre el componente de aplicación y la presentación en sistemas interactivos no es suficiente para garantizar su facilidad de uso. Por lo tanto, para determinar si una arquitectura de software cumple con los aspectos de funcionalidad, se hace necesario desarrollar escenarios de uso del sistema. En tales escenarios, buscamos asegurarnos de que la información correcta está disponible para el usuario en el momento adecuado, así como para enrutar correctamente las instrucciones/comandos del usuario a los componentes del sistema adecuados. Tenga en cuenta que la arquitectura de software del sistema desempeña un papel importante, ya que dicha información se intercambiará entre los componentes del sistema y entre ellos y el usuario, fluyendo a través de los conectores de arquitectura.

Mantenibilidad

El término mantenimiento de software se utiliza comúnmente cuando nos referimos a las modificaciones realizadas después de que el sistema de software se ha puesto a disposición para su uso. De hecho, el término mantenibilidad es algo amplio, ya que implica tanto la actividad de reparación (de cualquier defecto del sistema de software) como la alteración/evolución de las características existentes o la adición de nuevas características no previstas o capturadas en el proyecto.

Una reparación de un sistema de software se produce cuando se detectan defectos y se requiere su corrección. La capacidad de realizar la reparación depende del número de componentes del sistema. Por ejemplo, si el sistema es monolítico, es decir..e. , que consiste en un solo componente, entonces se hace más difícil de reparar si este sistema de software es grande.

Sin embargo, si el sistema de software está modularizado, entonces tiende a ser más fácil de analizar y reparar el existente. Se puede decir que la modularidad favorece la reparación al permitir que los defectos se limiten a unos pocos módulos, siempre que la funcionalidad esté adecuadamente separada. Una nota importante es que la necesidad de reparación se minimiza a medida que aumenta la confiabilidad del sistema.

Al igual que otros sistemas, los sistemas de software evolucionan con el tiempo, ya sea añadiendo nuevas características o modificando las existentes. La modularidad del sistema también influye en esta escalabilidad de un sistema software. Tenga en cuenta que si la arquitectura del sistema no tiene en cuenta su evolución a través de la adición y / o alteración de la funcionalidad del sistema, las modificaciones serán cada vez más difíciles a medida que el software evolucione.

En términos generales, la mantenibilidad es uno de los requisitos más relacionados con la arquitectura de un sistema de software. La facilidad de realizar cambios en el sistema existente, ya sea agregando o modificando algunas funciones, depende en gran medida de su arquitectura. Si consideramos la necesidad de aumentar el número de componentes encargados de procesar una llamada telefónica (en una oficina central) o transacciones electrónicas, entonces esta adición de nuevos componentes debe producirse sin tener que modificar la arquitectura existente y aún así comprometer el rendimiento actual del sistema   poco. La arquitectura de software debe acomodar fácilmente este soporte de mantenimiento (ya sea parala evolución del parche o del sistema).

Es importante recordar que una arquitectura de software define los componentes y las conexiones entre ellos y, por lo tanto, también define en qué circunstancias pueden cambiar los componentes o conectores. Por lo tanto, la arquitectura o el estilo arquitectónico de un sistema de software deben adaptarse eficazmente a las modificaciones que deben realizarse tanto durante su desarrollo como después de que el sistema entre en funcionamiento.

Fiabilidad

La fiabilidad del software es la probabilidad de que el software no haga que un sistema conmute por error un período especificado en condiciones especificadas. La probabilidad es una función de los defectos del software. Por lo tanto, los estímulos recibidos por un sistema determinan si existe o no un defecto. En otras palabras, la fiabilidad del software, generalmente definida en términos de comportamiento estadístico, es la probabilidad de que el software funcione como se desea en un período de tiempo conocido. Además, la fiabilidad es un atributo de calidad de software, lo que implica que un sistema realizará sus funciones según lo esperado.

Los requisitos de confiabilidad incluyen restricciones en el comportamiento del sistema de software en tiempo de ejecución. De hecho, hay un conjunto de métricas de confiabilidad de software asociadas con estos requisitos. Generalmente, las fallas de un componente de software son transitorias, es decir, se producen sólo para algunas entradas (estímulos) mientras que el sistema puede seguir funcionando normalmente en otras circunstancias. Esto distingue el software del hardware ya que los defectos en este último son permanentes. Cabe destacar que el fallo es lo que observan los usuarios (externamente),, mientras que los defectos, que se originan desde dentro del sistema, son los impulsores de los errores.

No es tan sencillo relacionar la disponibilidad de un sistema de software con un fallo existente, ya que depende de varios factores, como el grado de corrupción de datos debido a un mal funcionamientos del software y el tiempo de reinicio, entre otros. Algunos ejemplos de métricas utilizadas para evaluar la fiabilidad del software son:

- **Disponibilidad:** esta es una medida de lo disponible que estaría el sistema para su uso, es decir, cuán disponible estaría el sistema para realizar un servicio solicitado por un usuario. Por ejemplo, un servicio de sistema de software tendrá una disponibilidad de 999 / 1.000. Esto significa que de un conjunto de 1.000 solicitudes de servicio, 999 deben cumplirse. Esta métrica es muy importante en los sistemas de telecomunicaciones, por ejemplo.

- **Tasa de error:** Esta es una medida de la frecuencia con la que el sistema no puede proporcionar un servicio como se esperaba por el usuario, es decir..e. , la frecuencia con la que es probable que se observe un comportamiento inesperado. Por ejemplo, si tenemos una tasa de error de 2 / 1.000, esto significa que es probable que se produzcan dos errores por cada 1.000 unidades de tiempo.

- **Probabilidad de error durante la fase de funcionamiento:** se trata de una medida de la probabilidad de que el sistema se comporte inesperadamente cuando esté en funcionamiento. Esta métrica es de suma importancia en sistemas críticos que requieren un funcionamiento continuo.

- **Tiempo medio de error o tiempo medio de error (MTTF): Esta es una medida del tiempo entre los** errores observados. Tenga en cuenta que esta métrica indica cuánto tiempo permanecerá operativo el sistema antes de que se produzca un error.

Cualquier métrica que se utilizará para evaluar la fiabilidad de un sistema dependerá de cómo se utilice el sistema. Además, tenga en cuenta que el, tiempo es un factor considerado en las métricas. Se elige según la aplicación. Hay sistemas de software que funcionan continuamente, mientras que otros operan periódicamente.

Por ejemplo, considere un cajero automático (ATM) bancario. Este es un ejemplo de un sistema que funciona periódicamente, es decir, un cajero automático (ATM) es parte del tiempo en funcionamiento, mientras que el resto del tiempo está inactivo (aunque disponible para su uso por algún cliente del banco). En el ejemplo de un cajero automático (ATM) bancario, una unidad de tiempo más apropiada es el número de transacciones. Por lo tanto, un ejemplo de error sería la pérdida de datos introducidos por un usuario. En este caso, la especificación de confiabilidad podría ser un error que se produce cada 10.000 transacciones.

La arquitectura de software influirá en la fiabilidad de un sistema. El tiempo medio de error o MTTF se puede reducir si se produce la replicación de componentes críticos. La pérdida de uno de estos componentes falla.

Una forma de evitar esto o eludir la pérdida de un componente es proporcionando una arquitectura tolerante a errores donde una réplica de un componente se hace cargo del procesamiento del componente con errores, evitando así cualquier interrupción en el funcionamiento del sistema. Otra alternativa es degradar el rendimiento del sistema sobrecargando un componente con más solicitudes de las que se diseñaron para hacer. De esta manera, la calidad del sistema se degrada, pero aún así, el sistema sigue funcionando (aunque mal hasta que se toman medidas correctivas). La medida de fiabilidad se puede definir en términos de tiempo medio entre fallos (MTBF). Esta medida se da por:

MTBF - MTTF + MTTR (MTTR o tiempo medio de reparación es el tiempo medio de reparación)

La medición de disponibilidad también se puede describir en términos de MTTF y se define como:

Disponibilidad: MTTF x 100% / (MTTF + MTTR)

Si consideramos estas medidas, es importante tener en cuenta que si se reduce el MTTR, entonces la disponibilidad y fiabilidad del sistema será mayor. Esto se puede lograr arquitectónicamente si se considera la separación de intereses durante el proyecto. Tenga en cuenta que cuanto más corto sea el tiempo para reparar el fallo, más rápido se volverá a realizar el sistema y, por lo tanto, estará disponible. Este atributo de diseño conduce a una mayor integración, así como modificaciones más fáciles en el sistema.

Tenga en cuenta que la adición de componentes redundantes a un sistema de software dará como resultado una mayor fiabilidad. Esta redundancia se agrega en forma de comprobaciones adicionales realizadas para detectar errores antes de que causen errores del sistema. Sin embargo, el uso de componentes redundantes da como resultado un rendimiento del sistema reducido, como se describe a continuación.

Rendimiento

El rendimiento es un atributo de calidad importante para los sistemas de software. Considere, por ejemplo, un sistema de una compañía de tarjetas de crédito. En un sistema de este tipo, un diseñador o ingeniero de software podría considerar los requisitos de rendimiento para obtener una respuesta de tiempo para la autorización de compra de tarjeta.

Tenga en cuenta que los requisitos de rendimiento tienen un impacto más global en el sistema y, por lo tanto, se encuentran entre los, requisitos no funcionales más importantes. Sin embargo, generalmente es difícil tratar los requisitos de rendimiento y otros requisitos no funcionales, ya que entran en conflicto, como se ha explicado anteriormente. Al principio de la actividad de diseño de la arquitectura de software, se hace necesario definir qué requisitos no funcionales se priorizarán,, dada la posibilidad de conflicto entre ellos?

Además, el rendimiento es importante porque afecta a la funcionalidad de un sistema. Si un sistema de software es lento, sin duda reduce la productividad de sus usuarios hasta el punto de no satisfacer sus necesidades. Además, si el sistema de software requiere mucho espacio en disco para almacenar información, puede ser costoso de usar. Por ejemplo, si un sistema de software requiere mucha memoria para ejecutarse, puede afectar a otras aplicaciones que se ejecutan en el mismo entorno. Además, se puede ejecutar tan lentamente que el sistema operativo intenta equilibrar el uso de memoria entre las aplicaciones. En general, el requisito de rendimiento se puede descomponer en términos de tiempo y espacio.

El requisito de rendimiento restringe la velocidad de funcionamiento de un sistema de software. Esto se puede ver en términos de:

Requisitos de respuesta

Especifique el tiempo de respuesta de un sistema de software aceptable para los usuarios. En este caso, un diseñador podría especificar que el sistema debe responder a la solicitud de servicio específica de un usuario dentro de un intervalo de 2asegundo. Por ejemplo, en un cajero automático (ATM), después de que el usuario inserte la tarjeta magnética del banco en el lugar apropiado (lector de equipos), el sistema debe mostrar una nueva pantalla en un plazo de 2 segundos, lo que requiere que el usuario introduzca la contraseña de su cuenta actual. En otra situación, se puede pedir al usuario que introduzca su contraseña y no lo hace en 20 segundos, cuando se produce un tiempo de espera y el sistema vuelve a la pantalla de inicio.

Requisitos de rendimiento

Estos requisitos especifican cuántos datos se deben procesar en un período determinado. Un ejemplo sería requerir que el sistema de software procese al menos seis transacciones por segundo.

Requisitos de tiempo

Este tipo de requisito especifica la rapidez con la que el sistema debe recopilar datos de entrada de sensores antes de que otras lecturas de datos de entrada posteriores sobrescriban los datos anteriores. Así, por ejemplo, podría especificarse que el sistema debe leer los datos 5 veces por segundo como condición mínima.

Requisitos de espacio

En algunos casos, se pueden considerar los requisitos de espacio. Aquí podemos referirnos a la memoria principal o secundaria. Por ejemplo, la memoria principal para ejecutar una aplicación podría considerarse como un requisito de rendimiento, ya que está relacionada con el comportamiento del sistema en tiempo de ejecución.

Es importante tener en cuenta que el rendimiento depende de la interacción entre los componentes de un sistema de software y está, por lo tanto,, estrechamente asociado con la arquitectura. En este caso, los mecanismos de comunicación utilizados por los componentes de un sistema influyen en el rendimiento obtenido. Como vimos anteriormente, el rendimiento está relacionado con otros requisitos no funcionales. Por ejemplo, la fiabilidad mejora con el uso de componentes redundantes. Sin embargo, el rendimiento está muy comprometido, lo que implica su reducción.

Portabilidad

La portabilidad se puede definir como la facilidad con la que el software se puede transferir de un sistema informático o entorno a otro. En otras palabras, se dice que el software es portátil si se puede ejecutar en diferentes entornos. Tenga en cuenta que el término entorno puede hacer referencia tanto a la plataforma de hardware como a un entorno de software, como un sistema operativo específico.

En términos generales, la portabilidad se refiere a la capacidad de ejecutar un sistema en diferentes plataformas. Es importante tener en cuenta que a medida que aumenta la relación de costos entre software y hardware, la portabilidad se vuelve cada vez más importante. Además, podemos tener portabilidad de componentes y portabilidad del sistema. Esta última situación puede considerarse como un caso especial de reutilización. La reutilización del software se produce cuando se reutiliza todo el sistema de software, implementándolo en diferentes sistemas informáticos.

La portabilidad de un componente o sistema de software es proporcional a la cantidad de esfuerzo que se necesita para funcionar en un nuevo entorno. Si se requiere menos esfuerzo en comparación con el trabajo de desarrollo, entonces se dice que el sistema es portátil.

Dos aspectos relevantes de la portabilidad del programa son la transferencia y la adaptación. La transferencia es el movimiento del componente (código de programa y datos asociados) de un entorno a otro. La adaptación abarca las modificaciones necesarias para que el programa se ejecute en un nuevo entorno.

Cabe señalar que el entorno en el que funciona un sistema de software suele estar compuesto por hardware, sistema operativo, entrada y sistema de salida (I/ O), así como la aplicación. Un enfoque general que podría adoptarse para obtener un sistema portátil sería tratar de separar las partes externas dependientes del entorno del sistema en una capa o interfaz de portabilidad, como se ilustra en la figura siguiente.

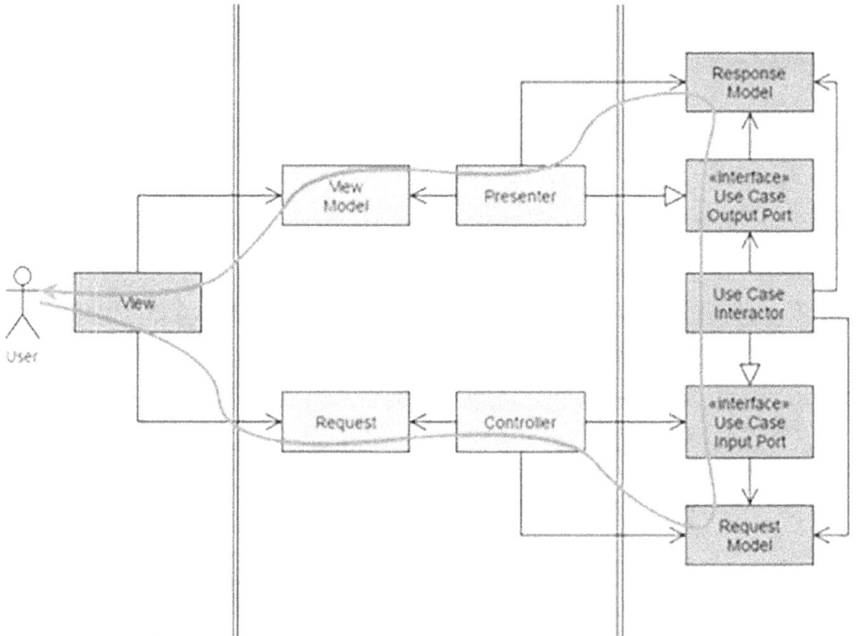

La interfaz de portabilidad que se muestra en la figura anterior un ser vislumbrado y proyectado como un conjunto de tipos de datos abstractos u objetos, que encapsularía elementos no portátiles mediante el diseño de ocultar las características del software de aplicación. Por lo tanto, cuando el sistema de software cambia el hardware o el sistema operativo, sólo la interfaz de portabilidad tendría que ser cambiada. Algunos problemas de portabilidad surgen generalmente debido a la adopción de diferentes convenciones para representar información sobre diferentes arquitecturas de máquina, es decir, hardware diferente.

Reutilización

Una característica de la ingeniería es hacer uso de los diseños existentes para reutilizar los componentes ya desarrollados para minimizar la tensión en los nuevos diseños. De esta manera, los componentes que ya han sido desarrollados y probados pueden ser reutilizados. Considere los altos niveles de reutilización que encontramos tanto en las industrias automotriz como en electrónica. En la industria del automóvil, por ejemplo, un motor se reutiliza generalmente de un modelo de coche a otro.

En Ingeniería de Software, a medida que aumenta la presión para reducir los costos de desarrollo y mantenimiento de sistemas de software, así como sistemas de alta calidad, se hace necesario considerar la reutilización como un requisito no funcional en el desarrollo de nuevos sistemas.

La reutilización se puede ver desde diferentes perspectivas. Puede ser componente-orientado, proceso-orientado,, o dominio-específico del conocimiento. Tenga en cuenta que todavía podríamos considerar la posibilidad de reutilizar los requisitos. Sin embargo, aquí centraremos nuestra atención en la reutilización orientada a componentes. Ejemplos de este tipo de reutilización son:

- **Aplicación:** se podría reutilizar toda la aplicación.

- **Subsistemas:** Los subsistemas principales de una aplicación podrían reutilizarse.

- **Objetos o módulos:** los componentes de un sistema, que abarcan un conjunto de funciones, se pueden reutilizar.

- **Funciones: los componentes de** software que implementan una sola función (como una función matemática) se pueden reutilizar.

Dos tipos de reutilización que más nos interesan son la reutilización de subsistemas y objetos o componentes, que simplemente llamaremos reutilización de componentes. Este tipo de reutilización no solo implica código, sino que también abarca la arquitectura y el diseño asociados.

Es importante tener en cuenta que podemos ganar reutilizando tanto diseños como arquitecturas. Esto minimiza los esfuerzos de desarrollo y requiere menos cambios o adaptaciones. De hecho, cuando usted tiene que tener en cuenta que usted necesita para soportar la modificación fácil, obtenemos indirectamente componentes reutilizables.

Por lo tanto, el requisito de reutilización puede implicar la arquitectura de un sistema de software o sus componentes. ¿Qué determinará lo fácil que será obtener componentes reutilizables es la interdependencia o acoplamiento entre los componentes? Por ejemplo, una biblioteca de componentes que ofrece un conjunto de características ya implementadas y probadas ofrece al usuario (desarrollador) una característica valiosa simplemente incorporando estos componentes en su código y accediendo a su funcionalidad a través de su interfaz.

Seguridad

En un sistema de software, este requisito no funcional caracteriza la seguridad de que no se permitirá el acceso no autorizado al sistema y los datos asociados. Por lo tanto, se garantiza la integridad del sistema contra ataques o accidentes intencionales. Por lo tanto, la seguridad se ve como la probabilidad de que la amenaza de algún tipo sea repelida.

Además, a medida que los sistemas de software se distribuyen y se conectan a redes externas, los requisitos de seguridad son cada vez más importantes. Ejemplos de requisitos de seguridad son:

- Solo las personas que hayan sido autenticadas por un componente de control de acceso y autenticación podrán ver la información como confidencialidad permite dicho acceso únicamente a personas autorizadas.

- Solo el administrador del sistema puede cambiar los permisos de acceso al sistema.

- Todos los datos del sistema deben ser respaldados cada 24horas, y estas copias deben almacenarse en un lugar seguro, preferiblemente en una ubicación que no sea donde se encuentra el sistema.

- Todas las comunicaciones externas entre el servidor de datos del sistema y los clientes deben estar cifradas.

Los requisitos de seguridad son esenciales en los sistemas críticos, como los sistemas de control de vuelo de aeronaves, ya que es imposible confiar en un sistema de este tipo si no es seguro. Por lo tanto, se puede decir que todos los sistemas críticos tienen requisitos de seguridad asociados con ellos. Los requisitos de seguridad no funcionales implican diferentes aspectos.

También es importante tener en cuenta los diferentes énfasis encontrados para la seguridad:

- **Disponibilidad:** Se refiere a garantizar que el sistema contra cualquier interrupción del servicio.

- **Integridad:** El enfoque en la integridad se produce principalmente en los sistemas comerciales, donde se busca asegurar se produzca un acceso o actualizaciones no autorizados.

- **Confidencialidad:** El énfasis aquí no es permitir la divulgación no autorizada de información.

- **Seguridad operacional:** Se refiere a la fase considerada para el sistema en uso.

Tenga en cuenta que, para satisfacer el requisito de seguridad de calidad no funcional en un sistema de software, algunos métodos pueden ser empleados. Estos métodos se pueden ver como un refinamiento del objetivo de proporcionar seguridad a un sistema de software. Como ejemplos de estos métodos,, podemos considerar:

Identificación

Identifica el nombre de usuario, diciendo al sistema que which lo está usando.

Una autenticación

Su objetivo es garantizar que los usuarios sean, de hecho, quienes dicen ser. Para ello, realizan una prueba de identidad. Este método implica algunos aspectos tales como:

- **Tipo de protocolo utilizado:** Esto requiere la operación de contraseña.

- **Número de autenticaciones:** puede requerir una sola contraseña o varias contraseñas o procedimientos. Por ejemplo, algunos bancos ya utilizan varias contraseñas durante la operación de autenticación.

- **Partes interesadas:** Esto puede implicar la autenticación de una parte interesada (cliente) o ambas partes (cliente y sistema).

Tiempo de acceso

Busca limitar el tiempo de acceso al sistema para reducir cualquier tipo de amenaza.

Seguridad Audit

Su objetivo es permitir que el personal autorizado supervise el sistema y realice un seguimiento selectivo de los eventos importantes.

Alarma

Esta operación está destinada a evitar el acceso potencialmente sospechoso a información vital o datos del sistema notificando dicho acceso a la supervisión de seguridad del sistema o a las autoridades apropiadas.

Es importante tener en cuenta que la arquitectura de un sistema de software debe tener en cuenta estos aspectos para cumplir con los requisitos de seguridad. Sin embargo, el tipo de sistema determinará qué factores deben tenerse en cuenta. Por lo tanto, puede haber la inserción de componentes de seguridad específicos, así como su conexión con otros componentes funcionales.

los requisitos funcionales y no funcionales es un paso fundamental en el desarrollo de sistemas de software. Los elementos de entrada de este proceso de ensayo incluyen los principales influencer del sistema, involucrando al diseñador, arquitecto y usuarios.

Junto con esto, la experiencia del arquitecto de software es de gran importancia. Como resultado de este proceso, hay un conjunto de requisitos funcionales que soportan la funcionalidad del sistema y una lista de requisitos no funcionales que soportan la arquitectura de software. Cabe señalar que al analizar las arquitecturas candidatas para un sistema de software, un arquitecto o ingeniero de software considera los requisitos no funcionales como uno de los principales criterios para su análisis.

Por último, es importante señalar que la cobertura completa de todos los posibles requisitos no funcionales está fuera del alcance de este capítulo. Para ello, el lector puede consultar el libro titulado Requisitos no funcionales en ingeniería de software de L. Chung, E. Yu y J. Mylopoulos. Sin embargo, se presentó un subconjunto de los requisitos no funcionales más prominentes. Estos requisitos sirven como regla, como criterio para el análisis arquitectónico con el objetivo de definir la arquitectura de software de un sistema.

Capítulo 6

Funcionalidad y arquitectura del Software

Desde mediados del siglo pasado, la interacción entre las personas y las computadoras (HCI, Interacción Humano-Computación) se ha convertido en un área de estudio. El objetivo es proporcionar bases teóricas, metodológicas y prácticas para el diseño y evaluación de productos interactivos que puedan ser utilizados de manera eficiente, efectiva, segura y satisfactoria.

El aumento tecnológico revolucionó las formas de desarrollar sistemas informáticos, lo que llevó a la aparición de la arquitectura de la información(a partir de ahora la IA). El objetivo de esta área de conocimiento dentro del desarrollo de software se centró (entre 60 y 200) en determinar la funcionalidad del producto y especificar cómo los usuarios encontrarían la información a través de interfaces interactivas. Por lo tanto, sus principales características son la organización de la información, las formas de navegación, el sistema de etiquetado (nombres de categorías y clases generales y específicas que agrupan el contenido de información)y la funcionalidad de los sistemas de búsqueda.

A partir de 2010, la tendencia en el desarrollo de software no sólo debe ser fácil de usar, sino que también debe ser innovadora y centrada en la creación de experiencias únicas. Las limitaciones de los enfoques tradicionales para el diseño de interfaces interactivas radican principalmente en el hecho de hacer que las interfaces de usuario sean fáciles de usar, ignorando variables tan importantes como el comportamiento emocional.

En la actualidad, el desarrollo y el uso de las tecnologías son cada vez más variados y generalizados, creciendo a un ritmo acelerado y alcanzando niveles extraordinarios. Esto ha dado lugar a la expansión de proyectos diferentes para la informatización de la sociedad, facilitando así el desempeño de las tareas diarias de los ciudadanos. Desde este punto de vista, el elemento principal en el desarrollo y aceptación de las nuevas tecnologías será la adaptación de las mismas a la forma de pensar de los usuarios. Por lo tanto, el objetivo final, perseguido por grandes industrias dedicadas al desarrollo de software, es diseñar productos interactivos más simples, más centrados en las necesidades humanas y que ayuden a aumentar la eficacia y satisfacción de las personas.

Un programa interactivo es aquel que necesita un intercambio continuo con el usuario para ejecutar. En este capítulo, nos referimos a los productos de software interactivos, que facilitan la interacción social a través de la aplicación de interfaces amigables y fáciles de usar. Esta interactividad y su impacto en la sociedad se estudian a través de la disciplina de interacción hombre-máquina, cuyo principal objetivo es utilizar computadoras para responder a las necesidades de las personas de forma interactiva. Es un término que se aplica ampliamente en las ciencias de la comunicación,, la informática, el diseño multimedia y el diseño industrial.

Esto hace que el intercambio con el usuario sea uno de los elementos más significativos de cualquier software, y es básicamente la interfaz, que proporciona este diálogo para permitir al usuario acceder a los recursos del ordenador. La interfaz de usuario determinará en gran medida la percepción y la impresión que tiene de la aplicación. Las personas no utilizan sistemas interactivos, pero utilizan las interfaces que les proporcionan, por lo tanto, una parte muy importante del éxito o error de una aplicación interactiva depende de esa interfaz.

Muchas instituciones y expertos que producen software dan más importancia a las funcionalidades y muy poco en la forma en que los usuarios interactúan. Ignoran el interés en aquellos usuarios que experimentan con los procesos de interacción de software. Esto lleva al hecho de que un producto es a menudo inutilizable a pesar de su calidad funcional debido a las dificultades en su explotación.

En la investigación de soluciones generalizables, en los últimos años, se ha difundido el concepto de experiencia de usuario (UX) o diseño de experiencias de usuario (DUX), un concepto paraguayo bajo el cual se integran diferentes disciplinas y roles profesionales para que los usuarios experimenten emociones al interactuar con productos.

En el desarrollo de software, la funcionalidad se reconoce como un atributo de calidad en el éxito de un producto para asegurar los niveles de funcionalidad requeridos empíricamente. Sin embargo, hay pocos procesos y profesionales que aplican o tienen en cuenta técnicas y procedimientos para lograr este atributo y menos aquellos que se centran en DUX de sus sistemas interactivos.

La experiencia del usuario representa un cambio en el concepto de funcionalidad, ya que el objetivo no se reduce para mejorar el rendimiento del usuario en la interacción entre eficacia, eficiencia, y facilidad de aprendizaje, sino que trata de resolver el problema estratégico de la utilidad del producto y el problema psicológico del placer y la diversión de su uso.

Para comprender mejor los aspectos de La IA y DUX, en el proceso de desarrollo de software, se presenta este informe técnico para conocer estos conceptos clave y su estrecha relación con las etapas de desarrollo de un producto de software. Basándose en la diversidad de autores que tratan sobre el tema de la IA y DXU, se

identificaron las definiciones más citadas y su relación con el
término experiencia del usuario.

También se explican las actividades que se pueden llevar a cabo en
cada fase de desarrollo del producto. Identificar el mayor número de
requisitos y necesidades del usuario a través de estas técnicas, hace
que los usuarios se sientan directamente involucrados y así obtener
más información. Estas actividades y técnicas constituyen un
instrumento de trabajo para el arquitecto de la información, el más
responsable de identificar y organizar la información y satisfacer las
necesidades de interacción que el usuario espera encontrar en el
producto.

Definiciones de arquitectura de la información

El término arquitectura de la información fue acuñado por (
Wurman, 1975) en la segunda mitad de los años 70 y definido como
"el estudio de la organización de la información para permitir al
usuario encontrar su forma de navegación hacia el conocimiento y el
conocimiento. comprensión de la información ", citado por (Resmini
y Rosati, 2012, p. 2)

En la evolución de la definición de IA, (Rosenfeld y Morville, 2006,
p. 26) extrapolaron el concepto al campo del desarrollo de
aplicaciones web, indicando la disciplina como

El arte y la ciencia de dar forma a productos y experiencias de
información para apoyar la funcionalidad y la capacidad de
búsqueda [el arte y la ciencia de estructurar y clasificar sitios web e
intranets para ayudar a los usuarios a encontrar y administrar
información].

La arquitectura de la información es la disciplina encargada de
organizar los elementos formales y de contenido que componen un

sitio web. Comenta que el contenido informativo y el diseño deben tener la calidad requerida para lograr la plena satisfacción del usuario. La implementación de una arquitectura de información coherente no puede lograrse sin incorporar los elementos que determinan el mejor uso del sitio. En este punto, la funcionalidad adquiere especial relevancia.

La arquitectura de la información no es el único componente del diseño de espacios de información digital. También debe trabajar con visualización de la información, evaluación, funcionalidad, interacción hombre-máquina y técnicas de programación avanzadas, todas ellas integradas y altamente interrelacionadas bajo el término "diseño de información". Además, afirma que es casi imposible separar los aspectos del diseño,, la arquitectura y la funcionalidad en un sistema de documentos digitales.

En aplicaciones de software, (Folmer y Bosch, 2018) estudian este hecho y concluyen que el diseño a nivel arquitectónico tiene una gran influencia en la funcionalidad del sistema. Desde la misma línea de trabajo práctico de investigación, los expertos coinciden en que el diseño de la interfaz gráfica de un producto es un elemento de importancia para los usuarios en su primera interacción con una aplicación informática, pero también su funcionalidad depende de la estructuración y organización del contenido mostrado. También coinciden en que la visualidad es una de las características fundamentales de los resultados de la IA;; por lo tanto, se complementan estrechamente. En muchos equipos de desarrollo de software, el rendimiento de las actividades de un diseñador comienza básicamente después de que se haya aprobado la arquitectura de la información.

La arquitectura de la información también se define como el arte y la ciencia de estructurar y organizar entornos de información para ayudar a las personas a satisfacer eficazmente sus necesidades de información [el arte y la ciencia de organizar espacios de información para ayudar a los usuarios a satisfacer sus necesidades de información].

En la IA, hay dos aspectos importantes a tener en cuenta, en primer lugar, la recuperación de la información, cuyo principal objetivo es facilitar al usuario llegar a los contenidos que indican las categorías estructuradas. Esto se logra, por un lado, permitiendo al usuario encontrar información, diseño, y definición de índices, clasificaciones, taxonomías,, y sistemas de recuperación de información o sistemas de búsqueda en el sitio web y por otro lado, permitiendo encontrar cada elemento de información (descripción a través de metadatos y optimización del motor de búsqueda). Este segundo caso se conoce como "búsqueda.", hallazgo o visibilidad. El segundo aspecto es el diseño a nivel conceptual, las propias técnicas de la IA, dentro del ciclo de vida del desarrollo de un sitio web, se encuentran en fases de diseño conceptual. Las fases de diseño visual son, se caracterizan por técnicas de Ingeniería de Funcionalidad, Diseño de Interfaz y Diseño de Información.

Destacando también la importancia del arquitecto de la información, podemos decir que un arquitecto de la información no necesariamente tiene que ser un especialista en ciencias de la información o en otras disciplinas relacionadas con el desarrollo de software. Sin embargo, la tarea del arquitecto de la información también incluye la revisión constante de los flujos vinculados al proceso de trabajo del equipo de desarrollo, así como la coordinación entre las diferentes disciplinas que componen el equipo (analistas de sistemas, diseñadores, comunicadores, programadores, entre otros).

En las últimas dos décadas, con la llegada de Internet, el uso de la IA se ha extendido rápidamente, lo que se considera un tema multidisciplinar y relativamente joven. También ha habido una explosión de arquitectos de la información que, en su trabajo,, mezclan tres grandes campos: tecnología, diseño gráfico, y periodismo/escritura. Sin embargo, el arquitecto de la información también debe tener conocimientos básicos de Ciencias de la Información, Ciencias de la Comunicación, Ingeniería en funcionalidad, Marketing, Informática, Psicología y Sociología.

Después de la contribución de (Wurman, 1975), otros tomaron sus definiciones y comenzaron a ampliar la IA horizon, haciendo más precisa la definición de su ámbito de acción. (Morville, 2004) asume las ideas de este autor en sus definiciones y afirma que la IA se define a través de tres frases:

- La combinación de organización, etiquetado y esquemas de navegación dentro de un sistema de información.

- El diseño estructural de un espacio de información para facilitar la realización de tareas y el acceso intuitivo al contenido.

- El arte y la ciencia de la estructuración y clasificación de sitios web e intranets, para ayudar a las personas a encontrar y administrar información.

A partir de esta definición, (Wurman, 1975) y (Morville, 2004) establecen las tareas específicas que un arquitecto de información realiza:

- Aclarar la misión y visión del sitio, equilibrando las necesidades de la organización que lo impulsa y las necesidades de sus audiencias.

- Determine qué contenido y funcionalidad debe contener el sitio.

- Especifique cómo los usuarios buscarán información en el sitio definiendo sus sistemas de organización, navegación, etiquetado y búsqueda.

- Proyecte cómo se adaptará el sitio al cambio y al crecimiento con el tiempo.

Tradicionalmente, en el desarrollo de productos de software, la arquitectura de la información se aplicaba para organizar el contenido, encontrar y administrar información que satisfaga las necesidades básicas de conocimiento de los usuarios. El avance acelerado de las tecnologías ha llevado a la evolución de este concepto a través del desarrollo de productos interactivos entre el hombre y las computadoras. Esta interactividad permite identificar el comportamiento racional del usuario en sus habilidades y conocimientos, pero su comportamiento emocional aún no fue ampliamente considerado.

Desde un enfoque social, el comportamiento emocional del usuario es un elemento clave en la aceptación y el uso de los productos. Las aplicaciones informáticas no sólo requieren la organización de contenidos y satisfacen las demandas cognitivas, sino que también influyen en la formación de los usuarios, su experiencia para asimilar y trabajar con las tecnologías de la información, sus gustos, preferencias, educación, medio ambiente o social y laboral en el que se desarrolla, valores, sentimientos, idiosincrasia, cultura, entre otros. Este nuevo enfoque para el desarrollo de productos interactivos, utilizado principalmente para encontrar soluciones de diseño más integradoras e inclusivas en el entorno de desarrollo web profesional, se conoce como la experiencia del usuario(a partir de ahora UX).

Experiencia del usuario Génesis

La experiencia de usuario es un concepto que se centra directamente en las emociones que el usuario experimenta al interactuar con productos de software. En este sentido, los expertos explican que el comportamiento emocional del usuario es el resultado de tres factores diferentes: "las emociones evocadas por el producto durante la interacción, el estado de ánimo del usuario y los sentimientos preasociados por el usuario al producto." En este sentido, es necesario reconocer que el enfoque tradicional del diseño de productos interactivos en la web tiene limitaciones porque su visión del fenómeno se basa en el lado de los medios, herramientas, y tecnologías utilizadas.

Además, los expertos siguen diciendo que una de las aportaciones de la UX es su función conceptual para integrar las diferentes disciplinas y roles profesionales implicados en el diseño de productos interactivos como la ingeniería de funcionalidad, la arquitectura de la información, el diseño gráfico, el diseño de interacciones, el diseño de la información, entre otros.

La experiencia de usuario representa un cambio en el concepto de funcionalidad en sí, ya que el objetivo no se reduce a mejorar el rendimiento del usuario en la interacción entre eficiencia, eficiencia y facilidad de aprendizaje, sino que trata de resolver el problema estratégico de la utilidad del producto y el problema psicológico del placer y la diversión de su uso (D'Hertefelt, 2000).

La génesis de este concepto está en el campo del Marketing, como considera (Kankainen, 2002). Esto se debe a su vínculo con el concepto de experiencia de marca "Reclamar para establecer una relación familiar y consistente entre el consumidor y la marca." En el contexto del marketing, un enfoque centrado en la experiencia de usuario implicaría no sólo analizar los factores que influyen en la adquisición o elección de un producto en particular, sino también analizar cómo los consumidores utilizan el producto y la experiencia resultante de su uso. Siendo un concepto de aplicación reciente en el campo del diseño, es necesario apreciar diferentes definiciones y modelos propuestos, que permiten un acercamiento a lo que se entiende por la UX. Integrado a partir de tres niveles, (Dillon, 2001) define la UX: acción, ¿qué hace el usuario; el resultado, lo que obtiene el usuario; y la emoción, lo que el usuario siente. Este enfoque desglosa el fenómeno causal (interacción) en dos niveles, acción y resultado, y sólo interesado en el comportamiento emocional del usuario en la experiencia resultante.

(Arhippainen y T'hti, 2003) de la Universidad de Link-ping en Suecia definen la experiencia de usuario como la experiencia del usuario al interactuar con un producto en condiciones particulares. También destacan las emociones y expectativas del usuario y su relación con otras personas y el contexto de uso.

Por su parte, (FatDUX Group, 2013) define la experiencia del usuario como la suma de una serie de interacciones. Es un término para el nivel de satisfacción total del usuario al utilizar su producto o sistema. Representa la percepción que queda en la mente de alguien después de una serie de interacciones entre personas, dispositivos, y eventos - o una combinación de interacciones.

A partir de una visión emocional, los expertos también se centran en ella, afirmando que la experiencia del usuario abarca el conjunto de factores y elementos que determinan la interacción satisfactoria del usuario con un entorno o dispositivo y son capaces de generar un conjunto de emociones positivas en el mismo sobre el sitio y su uso.

Para algunos expertos, la experiencia de usuario "es la sensación, la respuesta emocional, la evaluación y la satisfacción del usuario con respecto a un producto, el resultado del fenómeno de interacción con el producto,, y la interacción con su proveedor." Podemos describir que la experiencia de usuario es el proceso de diferentes disciplinas y roles profesionales involucrados en el diseño de productos interactivos, ingeniería de funcionalidad, arquitectura de la información, diseño gráfico, diseño de interacción están integrados, diseño de información, etc.

(Nielsen Norman Grupo, 2003, p.1-2) define la experiencia de usuario como: "Concepto integrador de todos los aspectos de la interacción entre el usuario-usuario y la empresa, sus servicios, y productos." El análisis de la experiencia se destaca de la interacción no sólo como un fenómeno interactivo entre el usuario y el producto, sino también entre el usuario y el proveedor.

Además, el primer requisito para una experiencia de usuario ejemplar es satisfacer las necesidades exactas del cliente. Luego viene la simplicidad y elegancia que generan productos fáciles de usar. La verdadera experiencia de usuario va mucho más allá de dar a los clientes lo que dicen que quieren o proporcionar una lista de comprobación. Para lograr una experiencia de usuario de alta calidad en la oferta de una empresa, debe haber una fusión sin problemas de los servicios de múltiples disciplinas, incluyendo ingeniería, marketing, diseño gráfico e industrial,, y diseño de interfaz (Nielsen Norman Group, 2003).

(Morville, 2004) presenta "las facetas de la UX", que están representadas con un hexágono cuyo conjunto da lugar a un diagrama que popularmente ha sido llamado "El panel de Morville".." La conclusión más importante de este enfoque es la UX,, vista como la integración de diversas disciplinas y cualidades. La uxexperiencia se compone de seis elementos:

A. Útil: puede entenderse como la utilidad que el sitio tiene para el usuario, la capacidad de responder a sus necesidades.

B. Utilizable: relacionado con la facilidad de uso, depende estrechamente de la aplicación de los conceptos de la ciencia de la interacción persona ordenador.

C. Deseable: estrechamente relacionado con el diseño emocional. Un software es deseable como producto de eficiencia en armonía con la imagen, los gráficos y la gestión de la marca.

D. Disponible: se refiere a la capacidad de un sitio para ser navegable. Los usuarios deben ser capaces de encontrar los elementos que responderán a sus necesidades.

E. Accesible: para un sitio, será importante tratar de garantizar el acceso al mayor número de personas en el mayor número de contextos.

F. Creíble: indica la necesidad de mostrar los elementos que exponen un portal creíble y confiable a los usuarios.

(Garrett, 2011) divide las decisiones en cuatro planos, que se tomarán en el DX. Además, se utilizan estrategias, que consisten en la etapa en la que se especifica la base del proyecto. Se trata de establecer claramente lo que sus gerentes y usuarios esperan del sitio.

- Alcance: incluye las funciones y características del sitio.

- Estructura: estos son los llamados planos o planos de sitio que definen la relación entre las distintas páginas web, estructuras de navegación y sus flujos, etc.

- Esqueleto: son las llamadas estructuras alámbricas o esquemas donde se encuentran los diversos elementos que componen la interfaz y la relación entre estos: menús, botones, imágenes, párrafos, etc.

- Superficie: es el diseño visual de los elementos que componen las páginas del sitio.

El diseño de la experiencia de usuario va más allá de perseguir la facilidad de uso en los productos para lograr propuestas innovadoras y se centra en la creación de experiencias únicas. No constituye una disciplina cerrada y definida, sino un enfoque de trabajo abierto y multidisciplinar. Las proyecciones deben estar enfocadas para que los usuarios experimenten placer al interactuar con los sistemas, se enmarcan en que los criterios funcionales (que son obvios) no son suficientes, por lo que se debe lograr una dimensión emocional del uso y disfrute de una aplicación interactiva, mediante el medio de un enfoque en el diseño emocional.

Análisis Conceptual entre Arquitectura de la información y experiencia del usuario

Sobre la base de las definiciones anteriores de estos dos términos, se realizó un análisis del significado y la sintaxis en el contenido de las definiciones descritas. Para ambos análisis, todas las definiciones en el campo se introdujeron en un gestor bibliográfico (nota final): abstracto. A continuación, se extrajeron las palabras clave, que contienen un significado lógico, descrito en el contenido de los conceptos en el campo: palabras clave. Posteriormente, con la propia herramienta, se realiza un filtro para contar atributos, que son las características descritas en las definiciones a través de las palabras clave), con la opción de asunto bibliográfico por el indicador de palabras clave. El sistema devuelve las palabras encontradas y escritas de la misma manera de sintaxis y el número de veces que coinciden. Posteriormente, se realiza un análisis del contenido de las definiciones por el significado que contienen, buscando esos términos que explican la misma idea semántica.

Para las definiciones correspondientes al concepto de IA, destacan los siguientes como términos principales: navegación web, estructura de la información, organización de la información y clasificación de la información. Todos los autores coinciden en que la arquitectura de la información se centra más en la organización del contenido y la clasificación de la información para los productos con una interfaz web, buscando la interactividad del usuario. También utiliza actividades/técnicas enfocadas al usuario para satisfacer sus necesidades de información y organizar los contenidos en base a ella.

Entre los atributos con coincidencia semántica destacan: estructura de la información, estructura de contenido, gestión de información, gestión de información, diseño de espacio, organización del espacio, diseño de información, visualización, calidad visual, visibilidad,, taxonomías, índices, metadatos.

Por otro lado, en las definiciones de UX, los términos que más coinciden en la estructura sintáctica son un placer, interacción, funcionalidad, software, el usuario. También relatan otros atributos que describen la organización del contenido de la información, la satisfacción, las emociones, entre otros. Con ideas de significados similares,, las palabras: placer, agradable, felicidad, deseable, sensaciones, sensación; interacción, interactividad, diseño de interacción; estructura, diseño de información, esqueleto, superficie, arquitectura de la información, diseño gráfico; emoción, comportamiento emocional, respuesta emocional.

Funcionalidad

Entre los autores más reconocidos y citados sobre este tema se encuentran (Nielsen, 2001) y (Krug, 2006), que añades es la definición de funcionalidad en estrecha conexión con la IA. Por lo tanto, consideran que la funcionalidad aparece como una conclusión natural del proceso de arquitectura de la información. Estas ideas se basan en el hecho de que el usuario de un sitio web no quiere pensar en cómo utilizar una interfaz, sino sólo utilizarla para los fines que le llevaron a visitarla. Por lo tanto, todo lo que se presenta en la pantalla debe ser generado con esa idea en mente.

(Nielsen, 1999) afirma que la funcionalidad es un atributo de calidad que determina lo fácil que son las interfaces de usar, mientras que (Krug, 2013) indica que las pantallas deben evitar hacer pensar al usuario. Esto significa que tanto como sea humanamente posible cuando se mira una página web, debe ser evidente, obvio y auto-explicativo. Debe ser posible "entenderlo", qué es y cómo se utiliza, sin hacer esfuerzos para pensar en ello.

La calidad de uso de un producto interactivo se reconoce como funcionalidad. El término es realmente un anglicismo que significa facilidad de uso. Se refiere al grado de eficacia, eficiencia, y satisfacción con el que determinados usuarios pueden alcanzar objetivos específicos en contextos específicos de uso (Organización Internacional de Normas, 1994).

Experiencia de usuario Informacion de Arquitectura en el proceso de desarrollo de Software

A partir de la revisión bibliográfica realizada en los párrafos anteriores, esta sección coincide con la idea de que la *-experiencia del usuario es un término general en el que se incluye la arquitectura de la información. Está estrechamente ligada a diferentes disciplinas en las que se desarrollan diversos roles profesionales (arquitectos de la información, diseñadores, analistas de sistemas, científicos informáticos, comunicadores, psicólogos, entre otros).

El punto común en ambos conceptos es el usuario como el elemento más importante durante el desarrollo de software. Los dos términos tienen el objetivo principal de satisfacer las necesidades del usuario, uno de forma organizada a través de los contenidos de la información y el otro basado en las emociones que experimentan al interactuar con el software. También integran otros componentes esenciales para lograr la realización final del software y la satisfacción del usuario al interactuar con ellos.

Además, está de acuerdo con los criterios de (Nielsen Norman Group, 2003) cuando afirman que para asegurar que el software cumple con los niveles requeridos de funcionalidad, el diseñador necesita una metodología, técnicas, y procedimientos diseñados para este propósito. En este sentido, algunas propuestas guían este proceso como un marco metodológico conocido como diseño centrado en el usuario (Diseño centrado en el usuario), adaptándolo a las características del desarrollo de software.

El diseño centrado en el usuario se caracteriza por asumir que todo el proceso de desarrollo de un producto de software está dirigido al usuario, sus necesidades, características y objetivos. Centrar el diseño en sus usuarios, a diferencia de centrarse en las posibilidades tecnológicas o en los propios diseñadores, implica implicarlos desde el principio en el proceso de desarrollo de productos. Significa saber cómo son, qué necesitan, para qué los utilizan,, probar el software con el final-los usuarios,, investigar cómo reaccionan al diseño, cómo es su experiencia de uso,, y siempre innovar para mejorar la experiencia del usuario.

Sin embargo, la integración del usuario, como elemento principal en el desarrollo del software, va más allá de satisfacer sus emociones a través de la interpretación de los demás, también significa permitirles manifestarse directamente en la interacción con el producto, sus gustos, y la utilidad. El diseño centrado en el usuario también incluye el propio co-diseñador, y esto se manifiesta desde la identificación de sus necesidades hasta la implementación del producto.

Al realizar pruebas en prototipos no funcionales (modelos arquitectónicos) y prototipos funcionales (diseñados), utilizando diversas técnicas; El arquitecto obtiene nuevos elementos visuales e interactivos que el usuario manifiesta durante las pruebas. Estos se utilizan para mejorar el diseño interactivo y visual, que se manifiesta en un mejor funcionamiento del producto cuando se implementa. Por lo tanto, el propio usuario antes de tener el producto terminado actúa como co-diseñador en el desarrollo de software.

Estas características se corresponden exactamente con el enfoque de este trabajo, que defiende la participación del usuario con su experiencia desde el principio y hasta el final del desarrollo de aplicaciones de interacción hombre-máquina. Si tienes en cuenta el tipo de audiencia, comunidad, grupo de personas, usuarios en cuestión, a los que se dirige un producto de software, así como tu experiencia para manejar una aplicación informática, la IA tendrá los niveles de calidad y funcionalidad esperados requeridos.

El diseño centrado en el usuario durante la producción de software es de vital importancia ya que sus prácticas implican optimizar la facilidad de uso de los procesos, romper barreras tecnológicas para las personas con discapacidad, organizar la información según el modelo mental del público objetivo, evaluar la aplicación con usuarios reales y resolver errores de funcionalidad. Además, colaborando en el diseño de la interfaz de la aplicación, comprobando en qué medida este diseño se adapta a los usuarios potenciales, comprobando el funcionamiento en diferentes plataformas, así como realizando diferentes pruebas que contribuyen a validar el diseño de esta experiencia, contribuye a crear un estado emocional agradable en la interacción con los sistemas.

Actividades y Técnicas de IA y DXU en Desarrollo de Software

Para el desarrollo de software, la propuesta arquitectónica basada en la experiencia del usuario es ideal, ya que esto le permite satisfacer sus necesidades de información al interactuar con el producto y garantiza una parte importante del éxito de su uso. La fabricación de un producto de software pasa por varias fases, de acuerdo con la metodología de desarrollo utilizada. Estas etapas tienen IA incorporada en el diseño de la aplicación. Para hacer IA de calidad, las técnicas se aplican en las etapas requeridas del proceso de producción. Estas técnicas se adaptan a cada proyecto específico, dependiendo del producto que se desarrolle.

En general, el ciclo de vida del software transita a través de cuatro fases fundamentales: modelo de negocio, requisitos, análisis y diseño, implementación y pruebas. Visto desde el punto de vista de la gestión, el arquitecto de la información organiza sus actividades centradas en cada etapa. Las necesidades corresponden a las actividades de planificación, en el diseño con las actividades organizativas, la implementación con la ejecución y en la prueba con el control del producto. Para ambos enfoques, la mayor parte de las actividades relacionadas con la arquitectura de la información se concentra en los requisitos, el diseño, y parte de la fase de pruebas de productos.

Cada etapa de la IA implica un grupo de tareas que buscan un enfoque realista más real de las expectativas de los usuarios. Estas tareas van acompañadas de técnicas que permiten obtener más información y soluciones informáticas con mayor calidad y uso. Estas técnicas se pueden aplicar en combinación en diferentes momentos del proceso de desarrollo de software, según sea necesario.

El arquitecto de la información tiene una gran participación en el proceso de, desarrollo de software ya que está presente en el 75% de su ejecución (planificación, organización y control). Esto se manifiesta en las actividades y tareas que debe realizar durante el ciclo de desarrollo de software. Sin embargo, es al principio del proyecto donde se encuentran las mayores actividades a realizar para obtener información. El arquitecto de la información siempre debe tener en cuenta aspectos como:

- Los objetivos y necesidades de los usuarios

- Los objetivos de la empresa u organización

- Limitaciones tecnológicas

- Limitaciones de contenido

- Limitaciones del proyecto

Desarrollar un buen diseño de software centrado en la experiencia del usuario trae grandes beneficios para todos los involucrados en el proceso: el usuario al que se destina y los miembros del equipo de trabajo. El usuario le permite entender y moverse a través de grandes cantidades de información, buscar, y encontrar la información que necesitan y no tener que pensar y experimentar emociones al interactuar con el producto.

Los creadores (que incluye a todo el equipo de desarrollo-proyectos gerentes, analistas, arquitectos de información, programadores, diseñadores, entre otros), les permiten generar estructuras que apoyan el cambio y crecimiento del producto a lo largo del tiempo. Asegúrese de la coherencia y la ubicación de la información. Cree sistemas de navegación intuitivos y garantice un gran porcentaje de la funcionalidad del software.

Otras técnicas generales también se pueden aplicar en cualquier etapa, como el estudio del entorno cultural en el que los usuarios se desarrollan (idioma, país, tradiciones, nivel de educación, nivel cultural, etc.), el estudio del lenguaje utilizado por los usuarios (vulgar, científico, coloquial, etc.), el compendio de documentos que utilizan, la recopilación de palabras o palabras de uso a partir de documentos y estudios de idiomas, y el análisis de frecuencia de términos dentro de la documentación (método cuantitativo).

Por último, podemos ver que:

- La arquitectura de la información y la experiencia del usuario son dos conceptos interrelacionados que, cuando se aplican de forma integrada en el desarrollo de software, garantizan un alto porcentaje de funcionalidad del producto.

- El usuario es considerado como el elemento fundamental del éxito en el desarrollo de software. Sólo el uso eficiente, eficaz y satisfactorio del sistema justificará la inversión en dinero, tiempo, y personal de desarrollo.

- AI y UX se pueden aplicar en el desarrollo de cualquier producto de software: sitio web, multimedia, sistemas de información, sistema de gestión, motores de búsqueda u otros.

- El DUX tiene como objetivo crear interfaces directas, sencillas y fáciles de usar, además, innovadoras y agradables, imponiendo un nuevo enfoque para el desarrollo de software que implique insertar sus prácticas para mejorar los productos.

- La participación activa de los usuarios, en un sistema bien diseñado, les hará sentirse habilidosos, competentes, y lo entenderán de forma natural, logrando los objetivos que les llevaron a utilizarlo.

- El arquitecto de la información desempeña un papel fundamental en el proceso de desarrollo de software, ya que evita errores en la estructura, la nomenclatura, la navegación.

- El uso de técnicas para obtener información en cada etapa del proceso ayuda a definir mejor un diseño arquitectónico diseñado en la experiencia del usuario, permite relacionar las tareas técnicas de la ingeniería de software con las características creativas del DUX.

Capítulo 7

Diseño basado en dominios en arquitectura limpia

¿Qué es el dominio? Zona o campo temático al que un usuario aplica software.

¿Qué es el modelo de dominio? Presenta la terminología y losconceptos clave del dominio problemático. Identifica las relaciones entre las entidades incluidas en el ámbito del dominio del problema, identifica sus atributos, y proporciona una visión estructural del dominio.

Dominio-diseño impulsado es un enfoque para el desarrollo de software definido por Eric Evans en su libro Diseño basado en dominio: Abordar la complejidad en el corazón del software, que se centra en un modelo rico, expresivo y en constante evolución para resolver problemas de dominio de dominio.

Un lenguaje comun

Uno de los mayores problemas que surgen durante el desarrollo de proyectos de software es la comunicación entre desarrolladores y expertos en dominios.

Los expertos en dominios tienen un amplio conocimiento sobre el dominio; por el contrario, su conocimiento de la terminología técnica utilizada en el desarrollo de software es bastante limitado. Por otro lado, los desarrolladores entienden y manejan la terminología técnica;; sin embargo, por lo general,, nuestro conocimiento sobre el dominio del problema es bastante limitado. Ya sea porque nunca nos hemos enfrentado a un problema dentro de ese ámbito o si lo hemos hecho, lo más probable es que lo haya sido desde una perspectiva o entorno diferente, ya que las empresas del mismo sector pueden abordar sus problemas de una manera totalmente diferente. Esta diferencia en los idiomas y los conocimientos suele dar lugar a situaciones en las que los expertos en dominios describen confusa y ambiguamente lo que esperan del sistema.

En proyectos donde no existe un lenguaje común, nos vemos obligados a llevar a cabo un proceso de traducción para comunicarnos con los expertos del dominio. A su vez, los expertos en dominios tienen que realizar un proceso de traducción en la dirección opuesta para comunicarse con los desarrolladores. A menudo, los propios desarrolladores se ven obligados a hacer traducciones cuando nos comunicamos con otros desarrolladores.

Cada vez que se hace una traducción, los conceptos se malinterpretan y se confunden, haciendo que diferentes miembros del equipo entiendan los conceptos de manera diferente, y lo que es peor, sin ser conscientes de ello. Estas interpretaciones erróneas hacen que el software contenga incoherencias y contradicciones dentro del código que causarán errores en el sistema.

Todos estos problemas durante el proceso de comunicación entre los miembros del equipo significan que, por un lado, perdemos oportunidades de obtener un conocimiento más profundo del dominio y, por otro lado, es aún más importante, la terminología utilizada para la comunicación no se refleja en el software.

Para poder generar un lenguaje común, los desarrolladores tienen que obtener el conocimiento necesario del dominio, mientras que los expertos en dominios deben ser una parte activa del desarrollo de software. Para que tanto el dominio del problema, como los elementos del diseño de software (clases, relaciones, etc.) forman parte del lenguaje común y son entendidos por los desarrolladores y expertos en el dominio, expertos en el dominio conocen el dominio en detallé, deben oponerse a cambios en el modelo que no son adecuados para la correcta transmisión de los conocimientos incluidos en el dominio, siendo los desarrolladores los que deben controlar las posibles ambigüedades e incoherencias que dificultan el diseño del sistema.

El proceso para llegar a un lenguaje común es iterativo, por lo que debemos ejercer el lenguaje y pulirlo a través de su uso tanto en diagramas, como por escrito, y especialmente en la comunicación verbal. Esto hará que el lenguaje evolucione y cambie. Estos cambios deben reflejarse en el código, por lo que debemos refactorizar ese código para reflejar los cambios que se producen en el lenguaje.

Para llevar a cabo la tarea de vincular el conocimiento del dominio a la implementación del modelo, tenemos diferentes elementos. Vamos a describir los elementos que se utilizan para modelar operaciones que pertenecen a un objeto específico (entidades y objetos de valor) y los elementos que representan actividades o acciones que conceptualmente pertenecen a más de un objeto.

Entidades

Las entidades son objetos del modelo que se caracterizan por tener una identidad en el sistema;; los atributos que contienen no son su característica principal. Representan conceptos con una identidad que se mantiene a lo largo del tiempo, y que también se mantiene a menudo bajo diferentes representaciones de la entidad. Deben poder distinguirse de otros objetos incluso si tienen los mismos atributos. Deben considerarse iguales a otros objetos,, incluso cuando sus atributos difieren.

Por ejemplo, imaginemos un objeto con un nombre y un apellido como atributos de una clase en un sistema donde dos objetos que representan dos personas diferentes con el mismo nombre y apellidos deben considerarse diferentes.

Como podemos ver, en este caso, no podemos describir el objeto de persona principalmente por sus atributos. Aún así, debemos asignarle una identidad que se mantenga para cualquier representación de esa persona. Si nuestro sistema funciona sólo con USA ciudadanos estadounidenses, podríamos considerar el DNI como una identidad. Aún así, si gestionamos a personas de cualquier nacionalidad, es posible que tengamos que generar este ID dentro de nuestro sistema (muchos países no tienen un documento de identidad nacional). Cabe señalar que en un sistema, una persona puede ser considerado una entidad, mientras que en otro sistema donde no necesitamos identificar a una persona por su identidad,, puede que no lo sea.

La identidad debe declararse de tal manera que podamos rastrear la entidad de manera efectiva. Los atributos, las responsabilidades y las relaciones deben definirse en relación con la identidad que representa la entidad en lugar de en los atributos que la componen.

Como podemos ver, el hecho de que necesitemos identificar y distinguir diferentes objetos a lo largo de su ciclo de vida hace que la complejidad para manejarlos y diseñarlos sea mucho mayor que el de aquellos que no lo necesitan. Por esta razón, debemos usar entidades solo para objetos que realmente lo requieran, lo que tiene dos ventajas importantes. Por un lado, no incluiremos complejidad innecesaria en objetos que no necesiten ser identificados. Por otro lado,, reduciendo el número de entidades en el sistema,, podremos identificarlas rápidamente.

Objetos de Valor

A diferencia de las entidades, los objetos de valor representan conceptos que no tienen identidad. Simplemente describen las características. Por lo tanto, sólo nos interesan sus atributos.

Los objetos de valor representan elementos del modelo que se describen por lo que son, y no por la OMS o lo que son.

Tomemos, por ejemplo, un objeto Color representado por su composición RGB (rojo, verde y azul). Si tuviéramos dos objetos que representen el mismo color, podríamos utilizar cualquiera de ellos ya que estamos interesados en qué color es por sus atributos, no por qué instancia estamos usando. Otros ejemplos de objetos de valor podrían ser String o Integer ya que no nos importa qué "C" o "3" estamos usando. Aunque estos ejemplos son simples, los objetos de valor no tienen que serlo.

Esto implica una serie de diferencias al modelar objetos de valor con respecto a entidades. Los objetos de valor normalmente se modelan como inmutables. Son menos complejos de diseñar ya que podemos usarlos y descartarlos ya que estamos interesados porque no tenemos que preocuparnos por la instancia que estamos usando (siempre y cuando sus atributos sean correctos).

Tanto las entidades como los objetos de valor representan conceptos, por lo que normalmente se denominan con sustantivos.

En la siguiente parte de este capítulo, describiremos en detalle qué otra de las partes fundamentales del diseño basado en dominio,

servicios, y cómo aislar los detalles de la capa de dominio del resto
del sistema, así que mantente atento a tu lectura!

La capa de dominio

En la primera parte de este capítulo, discutimos uno de los
conceptos más importantes en el diseño basado en dominios, el
lenguaje ubicuo. También comenzamos a describir algunos de los
elementos básicos para modelar el dominio del software, como
Entidades y Objetos de Valor. En esta sección,, definiremos qué son
y qué tipos de servicios existen, y terminaremos describiendo cómo
aislar la capa de dominio del resto del sistema.

Servicios

Los servicios representan operaciones, acciones o actividades que no
pertenecen conceptualmente a ningún objeto de dominio específico.
Los servicios no tienen su propio estatus ni un significado más allá
de la acción que los define.

A diferencia de las entidades y los objetos de valor, los servicios se
definen en términos de lo que pueden hacer para un cliente y, por lo
tanto, tienden a denominarse verbos. Los verbos utilizados para
nombrar los servicios deben pertenecer al lenguaje ubicuo, o ser
introducidos en el caso de que aún no lo sean. Al implementar sus
parámetros y resultados deben ser objetos que pertenezcan al
dominio.

Un servicio debe cumplir tres características principales:

1. La operación que lo define está relacionada con un concepto
   de dominio, pero no es natural modelarlo como una entidad o
   un objeto de valor.

2. Su interfaz se especifica mediante otros elementos del modelo de dominio.

3. La operación no tiene ningún estado, por lo que cualquier cliente podría usar cualquier instancia del servicio sin tener en cuenta las operaciones que se han realizado anteriormente en esa instancia.

Podemos dividir los servicios en tres tipos diferentes según su relación con el núcleo del dominio.

Servicios de dominio

Son responsables del comportamiento más específico del dominio, es decir, realizan acciones que no dependen de la aplicación específica que estamos desarrollando, pero que pertenecen a la parte más interna del dominio,, y que podrían tener sentido en otras aplicaciones pertenecientes al mismo dominio. Por ejemplo, cree un usuario, actualice los detalles de un cliente, etc.

Servicios de Aplicaciones

Son responsables del flujo principal de la aplicación; es decir, son los casos de uso de nuestra aplicación. Son la parte visible fuera del dominio de nuestro sistema, por lo que son el punto de entrada-salida para interactuar con la funcionalidad interna del dominio. Su función es coordinar entidades, objetos de valor, servicios de dominio y servicios de infraestructura para actuar. Por ejemplo, realice un pago, agregue un producto al carro de la compra, realice una transferencia a otra cuenta, etc. (si está familiarizado con "Arquitectura limpia", los servicios de aplicación serían equivalentes a los "Interactores")

Servicios de Infraestructura

Declaran un comportamiento que realmente no pertenece al dominio de la aplicación pero que debemos ser capaces de realizar como parte de ella. Por ejemplo, envíe un correo electrónico de confirmación después de realizar un pago, registrar transacciones, etc.

Diferentes aplicaciones tienen diferentes niveles de complejidad en sus dominios, y eso puede hacer que diferenciar entre los servicios de dominio y de aplicación no siempre sea trivial. Como idea general, podríamos considerar que si, después, de recibir un pedido,, el sistema necesita realizar varios pasos, la coordinación de estos pasos se llevaría a cabo en el servicio de aplicación. Si, por otro lado, recibimos un orden simple que está relacionado con un concepto de dominio, este comportamiento probablemente debería modelarse como un servicio de dominio.

Para aclarar la diferencia entre los diferentes servicios y sus responsabilidades, vamos a dar el ejemplo de un servicio de aplicaciones que, dados algunos productos en el carro de la compra, realiza el pago. Nombraremos nuestro servicio de aplicación como MakePaymentService.

MakePaymentService tendrá que validar al usuario, aplicar descuentos, verificar que tenemos productos de stock disponibles, realizar una llamada a un servicio de pago externo, notificar al servicio de entrega de paquetería, enviar un correo electrónico de confirmación al usuario, etc.

La responsabilidad de MakePaymentService es la coordinación del flujo para realizar un pago. Por otro lado, para actuar al validar al usuario,, usaríamos un ValidateUserService que sería un servicio de dominio, y que tendría la responsabilidad de validar que el usuario es válido, ya que a priori es un orden simple que está relacionado con un concepto de dominio. En su lugar, para la acción de enviar un correo electrónico de confirmación al usuario, utilizaríamos SendEmailService que en este caso sería un servicio de infraestructura, ya que es una acción que nuestro dominio debe ser capaz de realizar pero no le pertenece. Por lo tanto, se especificaría en nuestro dominio como una interfaz (en el caso de Java), que,, como veremos a continuación,, se implementaría dentro de otra capa de nuestro sistema (infraestructura).

Capa Arquitectura

Un sistema de software se compone de muchas partes, de las cuales la parte que resuelve problemas para el dominio es una pequeña porción, aunque su importancia es desproporcionada a su tamaño.

Para poder trabajar con el dominio sin perdernos en otros detalles presentes en el software, necesitamos desacoplar objetos de dominio de otras funciones del sistema. Tendremos que aislar nuestro dominio del resto del sistema para evitar confundir conceptos pertenecientes al dominio con conceptos que sólo están relacionados con la tecnología utilizada.

Podemos utilizar cualquiera de las muchas arquitecturas que existen para aislar las diferentes partes del sistema. Aún así, la opción que elegimos debe dividir nuestro sistema en al menos cuatro capas: presentación, aplicación, dominio, e infraestructura.

Presentación

Capa responsable de mostrar información al usuario e interpretar los eventos de entrada del usuario. Cabe señalar que el usuario puede ser un ser humano u otro sistema que se comunica con el nuestro.

Aplicación

Capa que declara las funcionalidades que el software tiene que llevar a cabo y orquesta los objetos de dominio para resolver los diferentes problemas. Esta capa no contiene reglas de negocio ni conocimiento; sólo coordina y delega el trabajo a la colaboración de los objetos de dominio que se encuentran en la siguiente capa.

Dominio

El l ayer donde se encuentran los conceptos de dominio y las reglas de negocio. Es la capa más importante del sistema,, y realmente añade valor y resuelve los problemas para los que se crea un determinado software.

Infraestructura

Capa que proporciona las implementaciones que admiten las capas definidas anteriormente. Aquí la mayoría de las decisiones técnicas adoptadas para un sistema están encapsuladas, por ejemplo, el envío del correo electrónico de confirmación después del pago, la persistencia para el dominio, la comunicación con otros sistemas, etc.

El proceso de obtención de conocimiento y construcción de software es complejo y tedioso. Es un proceso iterativo, en el que descubriremos nuevos conceptos y abstracciones que tendremos que capturar en el código y en el lenguaje utilizado para comunicar.

En muchas ocasiones, descubriremos cómo un conocimiento más profundo del dominio y su inclusión en la base de código hará que partes del sistema que a priori parecían complejas o en las que teníamos dificultades para modelar o diseñar se vuelven triviales. Dando paso a la creación de software expresivo, semántico, fácil, de entender, administrar y modificar.

Conclusión

Por último, simplemente poniendo las lecciones de este libro, podemos decir, la arquitectura de software define cómo funciona un sistema y cómo se pueden construir nuevos módulos intuitivamente. Si pudiéramos hacer una comparación con la arquitectura tradicional, sería así: cuando miramos el plano de un edificio, podemos asumir qué tipo de edificio se está diseñando, ¿no?

Por lo tanto, cuando nos preguntamos qué es la arquitectura de software, debemos ser capaces de intuir qué tipo de aplicación se construirá. Diseñar una aplicación de gestión hospitalaria no es lo mismo que desarrollar un sistema ATM. Cada uno tiene un proyecto de arquitectura diferente.

Es decir, tenga en cuenta que el diseño de la arquitectura de software se traduce en la estructura misma de carpetas y paquetes - como en el caso de Java - o cualquier lenguaje que se utilice que ayude a expresar la intención del propio sistema, sin decir exactamente cómo se hace.

También podemos hablar de "arquitecturas limpias" que tienen varios objetivos comunes:

1. Son independientes de los marcos;

2. Comprobables. Basado en códigos que se pueden probar;

3. Independiente de la interfaz de usuario. Las reglas de negocio no se ven afectadas por un requisito de interfaz de usuario (UI).

4. Independiente de la base de datos. Las reglas de negocio son independientes de la implementación de la base de datos. Es la base de datos que se adapta a las reglas preexistentes.

5. Independientemente de los componentes externos. La misma regla se aplica como hemos comentado en la base de datos, pero relacionada con componentes externos, como interacciones entre sistemas, bibliotecas, etc.

La implementación de la arquitectura de software nos ayuda a comprender mejor de qué se trata nuestro software, centrándonos en el dominio de nuestra aplicación. Después de todo, este es el valor real que una empresa de TI puede ofrecer a los clientes. La importancia de la arquitectura de software es que permite la creación de sistemas predictivos y lógicamente organizados.

Los modelos enriquecidos basados en nuestro dominio hacen que todos los miembros del equipo compartan el mismo vocabulario y coherencia en los conceptos de nomenclatura, lo que facilita directamente la comprensión colectiva. También ayuda a tener código que sea más fácil de mantener, probar y, por lo tanto, nos ayuda a cumplir los principios de SOLID:

Single Principio de Responsabilidad

Opluma / Principio cerrado

Liskov Principio de sustitución

Principio de Segregación de Interface

Disñar una arquitectura de software es vital para que se consideren los intereses de todas las partes interesadas involucradas. Acerca de los agentes, entender quiénes son: los usuarios del software, el software en sí, y los objetivos de negocio. Cada uno establece los requisitos y restricciones que deben tenerse en cuenta en la arquitectura de software. Obviamente, en algún momento, los requisitos pueden entrar en conflicto.

Para los usuarios, es importante que el software responda a la interacción con fluidez, mientras que para fines comerciales,, es importante que el software cueste poco. Los usuarios pueden primero querer implementar características que son útiles para el trabajo diario, mientras que el software puede tener prioridad en la implementación de características que le permiten definir su estructura.

El objetivo final de la arquitectura es identificar los requisitos que afectan a la estructura del software y reducir los riesgos asociados con el desarrollo de software. La arquitectura debe admitir futuros cambios de software, hardware y funcionalidad requeridos por el cliente.

Vamos a resumir, entonces, que la arquitectura de software debe tener las siguientes características:

- Mostrar la estructura del software, pero sin mostrar los detalles;

- Diseñar y diseñar todos los casos de uso;

- Satisfacer los intereses de los agentes tanto como sea posible;

- Cuidar los requisitos funcionales y de calidad;

- Determinar el tipo de software que se va a desarrollar;

- Determinar los estilos arquitectónicos que se utilizarán;

- Abordar los principales problemas transversales.

Es responsabilidad del arquitecto analizar el impacto de sus decisiones de diseño y hacer un compromiso entre los diferentes requisitos de calidad, así como los compromisos necesarios para satisfacer a los usuarios, software y objetivos de negocio.

Referencias

https://www.researchgate.net/publication/222544881_Architecting_for_usability_A_survey

https://www.researchgate.net/publication/35972567_Thinking_model_and_tools_for_understanding_user_experience_related_to_information_appliance_product_concepts

http://www.interactionarchitect.com/future/vision20000202shd.htm

https://www.researchgate.net/figure/User-experience-components-by-Arhippainen-Taehti-2003_fig4_27516496

https://www.nngroup.com/articles/usability-101-introduction-to-usability/

https://www.researchgate.net/figure/User-Experience-Honeycomb-Morville-2004_fig2_326735386

https://twitter.com/unclebobmartin

http://blog.cleancoder.com/

https://en.wikipedia.org/wiki/Test_double

https://meaganwaller.com/open-closed-principle-revisited/

https://stackoverflow.com/questions/36378874/ por qué-inmutables-objects-allow-to-comply-the-liskov-substitution-principle

https://stackoverflow.com/q/13919141

http://csci141.artifice.cc/lecture/classes.html

https://stackoverflow.com/a/44913918

http://phpdeveloper.org/tag/open

https://stackoverflow.com/questions/44913665/ how-can-i-validate-
a-copy-constructors-parameter/44913805

https://docs.roguewave.com/en/jviews/8.10/jviews-
maps810/samples/ jsf-maps-
tiled/srchtml/demo/ViewConfigurationBean.java.html

https://github.com/p0w34007/ebooks/blob/master/Eric%20Evans%2
02003%20-%20Domain-Driven%20Design%20-
%20Tackling%20Complexity%20in%20the%20Heart%20of
%20Software.pdf

https://stackoverflow.com/questions/14831606/what-is-gang-of-
four-design-pattern

https://www.springer.com/gp/book/9780792386667

https://clearmeasure.com/

https://jeffreypalermo.com/